中韩 FTA 时代：新经济合作方案探索

——2016 年中韩经济合作研讨会文集

王昌林　主编

中 国 计 划 出 版 社

图书在版编目（CIP）数据

中韩FTA时代 ：新经济合作方案探索 ：2016年中韩经济合作研讨会文集 / 王昌林主编. -- 北京 ：中国计划出版社，2018.12
ISBN 978-7-5182-0961-3

Ⅰ. ①中… Ⅱ. ①王… Ⅲ. ①国际合作—经济合作—经济发展—中国、韩国—文集 Ⅳ. ①F125.531.26-53

中国版本图书馆CIP数据核字(2018)第270070号

中韩 FTA 时代：新经济合作方案探索
——2016 年中韩经济合作研讨会文集
王昌林　主编

中国计划出版社出版
网址：www.jhpress.com
地址：北京市西城区木樨地北里甲 11 号国宏大厦 C 座 3 层
邮政编码：100038　电话：(010) 63906433（发行部）
新华书店经销
北京虎彩文化传播有限公司印刷

787mm×1092mm　1/16　12.75 印张　213 千字
2018 年 12 月第 1 版　2018 年 12 月第 1 次印刷

ISBN 978-7-5182-0961-3
定价：50.00 元

前　言

2000年10月，时任国务院总理朱镕基访韩期间，与韩国领导人就成立中韩经济合作研究会达成共识。2001年6月，韩国总理访华期间，中韩两国政府研究机构——原国家计委宏观经济研究院和韩国对外经济政策研究院共同签署了“中韩经济合作研究会备忘录”，两国总理出席了签字仪式。2002年5月13日，中韩经济合作研究会正式成立。按照机构设置基本对等的原则，中韩双方各自成立研究会，中方研究会设在原国家计委宏观经济研究院（现国家发展和改革委员会宏观经济研究院），韩方研究会设在韩国对外经济政策研究院。

中韩经济合作研究会的宗旨，是加强中韩两国经济合作的长期研究，将研究成果提交两国政府相关部门，供政府部门制定有关政策时参考，推动两国经贸合作深入发展。

经中韩双方历史联席会议讨论，中韩经济合作研究会的主要工作内容有两个方面：一是根据不同时期中韩经济发展与合作的实际需要，设立研究课题，各自独立地开展研究，不定期进行阶段性成果交流；二是每年共同举办一次研讨会，就双方商议的主题进行学术交流。第一次研讨会于2003年12月在中国北京举办，自此开始，中韩经济合作研讨会每年在中韩两国轮流举行。

第十四届中韩经济合作研讨会于2016年8月在韩国济州举办，会议主题为“中韩FTA时代：新经济合作方案探索”。中国国家发展和改革委员会宏观经济研究院王昌林副院长率国家发展改革委宏观经济研究院科研管理部、经济研究所、对外经济研究所、产业经济与技术经济研究所、经济体制与管理研究所的专家学者参加了会议。韩国对外经济政策研究院（KIEP）代表团由金準东副院长率领，由来自KIEP东北亚经济本部、欧亚组、地区贸易协议组、合作政策组、中国组以及韩国信息通信政策研究院、同德女子大学的多位专家组成。

与会双方围绕“中韩 FTA 时代：新经济合作方案探索”主题，分“中韩 FTA 时代的经贸合作展望”、“中韩 FTA 以后的通商问题”、“中韩产业合作方案”、“‘一带一路’/‘欧亚倡议’与地区合作方案”四个单元进行研讨，对双方代表的发言进行充分讨论和交流。在双方的共同努力下，会议取得了圆满成功。

为了加强交流，与社会各界分享中韩经济合作研讨会的成果，我们将中韩两国专家在研讨会上的演讲稿编辑出版。由于编辑和翻译水平的限制，本书的不足之处在所难免。我们期待社会各界提出批评意见，以帮助我们更好地加强中韩两国经济合作的研究，推动两国经贸合作深入发展。

2018 年 12 月

目 录

中韩 FTA 时代新经济合作方向

金準东　李贤泰　吴允美

一、序言

中韩两国自 1992 年建交以来，经过 2008 年确立战略合作伙伴关系，2013 年 6 月发表《中韩面向未来联合声明》，就进一步充实发展战略合作伙伴关系的目标达成了协议。2014 年 7 月发表《中华人民共和国和大韩民国联合声明》，两国持续为发展中韩关系做出努力，双边关系实现跨越式发展。2015 年 6 月签署中韩自由贸易协定（中韩 FTA）并于 2015 年 12 月正式生效，两国迎来了经济合作新时代。

中韩 FTA 为扩大中韩两国贸易和投资放宽了制度性壁垒，不仅有助于恢复中韩贸易，改善投资锐减趋势，还可期待为东亚区域经济整合做出贡献。从韩国角度出发，中国中产阶级规模的扩大以及“中国制造 2025”、“互联网＋”、“一带一路”等的推进会形成更多新需求，而中韩 FTA 会为韩国企业进入中国市场提供更多便利与机会。

即便有上述积极因素，世界经济和中国经济的放缓、中国金融市场风险上升与转移、未来成长性产业中中韩两国的激烈竞争等因素，都将是中韩深化新经济合作面临的重要挑战。中韩两国需要跟进中韩 FTA 时代的步伐，洞察未来合作发展的机遇因素和风险因素，探寻新的发展方向。本文首先将审视中韩经济合作现况，对两国经济合作情况做出评估，再进一步论述未来中韩两国新经济合作关系的发展方向。

二、中韩经济合作发展现状

(一) 商品贸易[①]

中韩两国自 1992 年建交以来，经济合作关系得到了快速发展。目前，中国已经成为韩国第一大贸易伙伴国。虽然近期韩国对华出口略有缩减，但中国仍是韩国的主要贸易伙伴国及最大出口市场。

中韩两国贸易额的年均增长率已达 18.3%[②]，从 1992 年的 64 亿美元增长到了 2015 年的 2274 亿美元，涨幅高达 35 倍。中国自从 2003 年成为韩国最大出口市场以后，2007 年又成为韩国最大进口国。而韩国于 2013 年赶超日本成为中国最大进口国，2015 年韩国在中国进口市场占比突破 10%，两国贸易伙伴关系得到了进一步发展。[③]

中韩贸易增长率近来有些受挫，2015 年起开始转入负增长。据韩国贸易协会统计，2015 年中韩贸易与上年对比减少了 3.4%，其中 2014 年对华出口增长率为－0.4%，2015 年更是下滑到了－5.6%，自华进口也只有 0.2%的增长。中韩两国贸易减少主要是受世界经济萧条、全球需求减少导致中国出口量锐减，中国出口用半成品[④]进口数量减少以及国际油价下滑等因素的影响。

中韩贸易量呈下滑趋势，但 2015 年韩国对华出口和自华进口比重仍有上升，对华出口在韩国出口总额中占比自 2005 年以后一直保持在 20%左右，至 2015 年达到了 26%。2015 年，在韩国整体进口中保持 15%—17%的对华进口依赖度首次超过了 20%，这是由于韩国对世界的出口/进口缩减率超出了对华出口/进口缩减率而产生的现象。

1999—2015 年，韩国在中国的出口市场一直占据第四大出口伙伴国地位，保持 4%左右的占比。同时，截至 2012 年一直呈现下滑趋势的韩国在中国进口

---

① 中韩两国交易金额摘自韩国贸易协会海关总署统计资料，与中国发布的统计数据可能会有差异。

② 1992—2015 年期间年均名义增长率。

③ 据 Trademap 各国进出口统计资料，2015 年中国对韩进口比重为 10.4%，出口比重为 4.4%。

④ 韩国对华出口结构是半成品占所有对华出口的 78.4%，主要出口商品有半导体、平板显示器、合成树脂、无线通信设备部件以及汽车部件等。

市场的占比，自 2014 年以后连续 2 年保持增长势头。但这一现象实际上是因为中国国内经济低迷以及原油、矿物等初级产品价格下滑导致这些产品的进口增长率缩减，从而显示韩国占比相对提高。

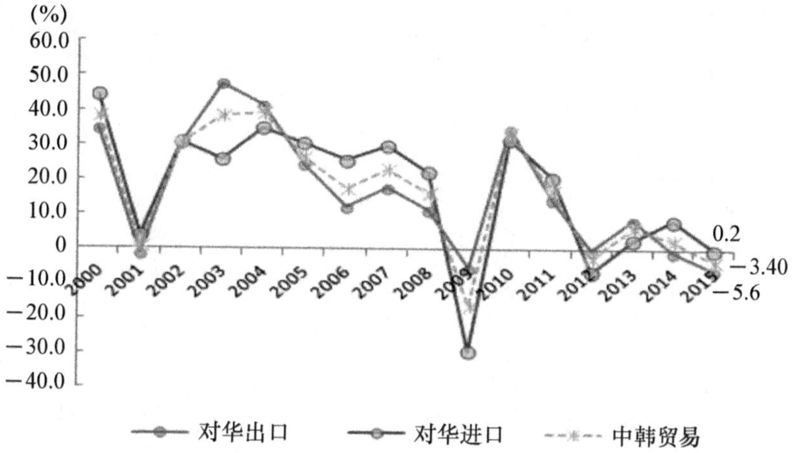

图 1　韩国对华进出口增长率

资料来源：韩国贸易协会，国内进出口统计 DB。

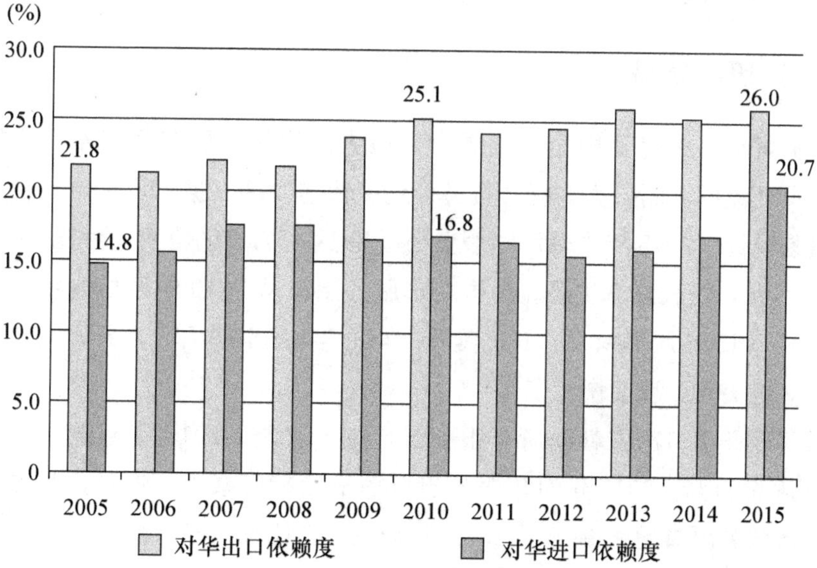

图 2　韩国对华贸易依赖度

资料来源：韩国贸易协会，国内进出口统计 DB。

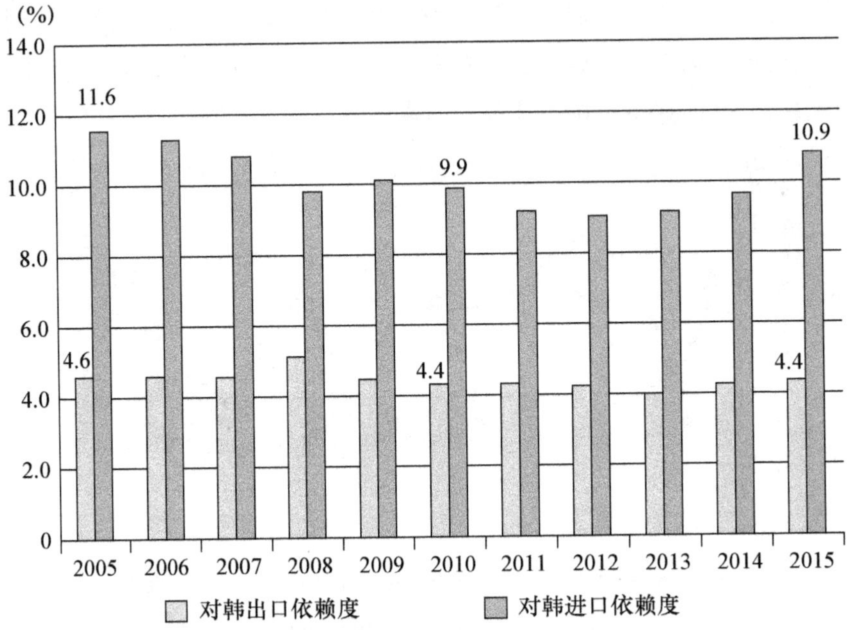

图 3　中国对韩贸易依赖度

资料来源：韩国贸易协会，国内进出口统计 DB。

(二) 服务贸易

服务贸易是中韩两国之间发展潜力最大的领域，随着两国商品贸易和投资、人员交流的不断扩大，服务贸易得到了快速发展。据 OECD① 和韩国银行服务贸易统计，2015 年中韩两国服务贸易额达 357.7 亿美元，对比 1999 年的 36.7 亿美元，增长至 9.7 倍。韩国对华服务出口从 2010 年开始连续 5 年保持坚挺，至 2015 年回落到 205.6 亿美元，与上年相比减少了 7.9%，而服务进口创 152.2 亿美元，反而增长了 5.4%。

对华服务出口额在韩国所有服务出口中的比重，2013 年超出 17%，2015 年增长到了 21%。2015 年对华服务出口额虽然有所减少，但是，其减幅相对韩国总体服务出口增减率（−12.7%）较小，占比反而显示增长。

① 据 OECD 的 International trade in Services (Korea)，2014 年韩国对华服务出口额为 223 亿美元，进口额为 144 亿美元。

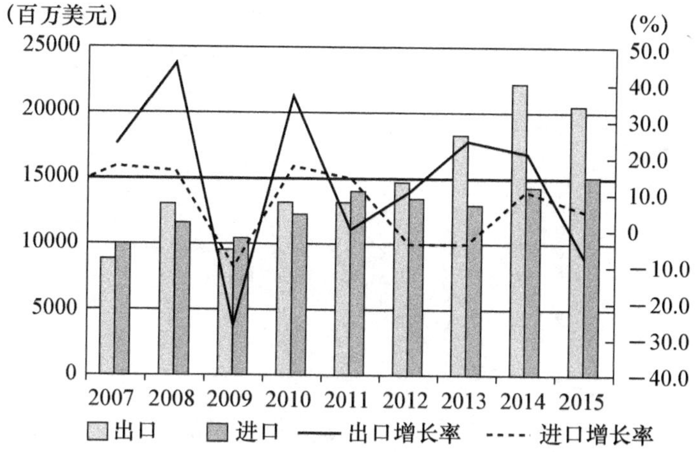

图 4 中韩服务贸易变化

资料来源：韩国银行，服务贸易统计 DB。

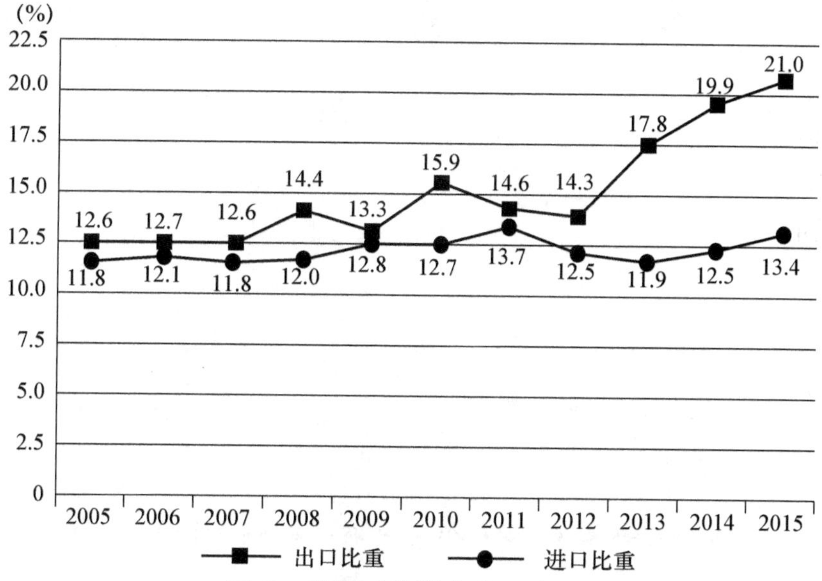

图 5 韩国对华服务贸易占比

资料来源：韩国银行，服务贸易统计 DB。

中韩两国服务贸易主要以运输和旅游服务为主。截至 2013 年，与商品贸易有关的运输服务占据最高比重。但是，自从 2014 年起访韩中国人数骤增，旅游服务出口有了快速增长，旅游服务贸易于 2014 年和 2015 年连续两年呈现最高占比。

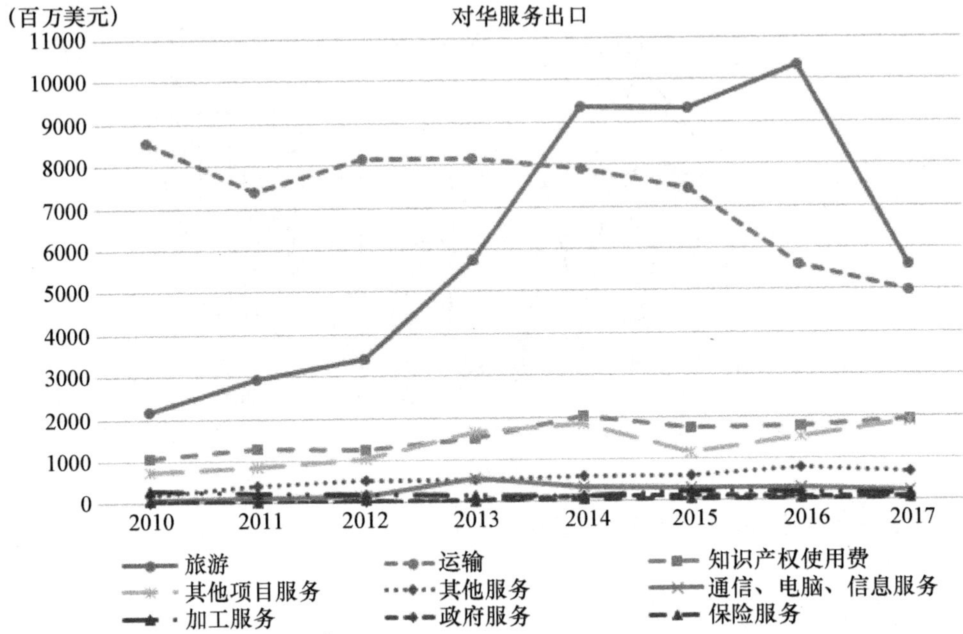

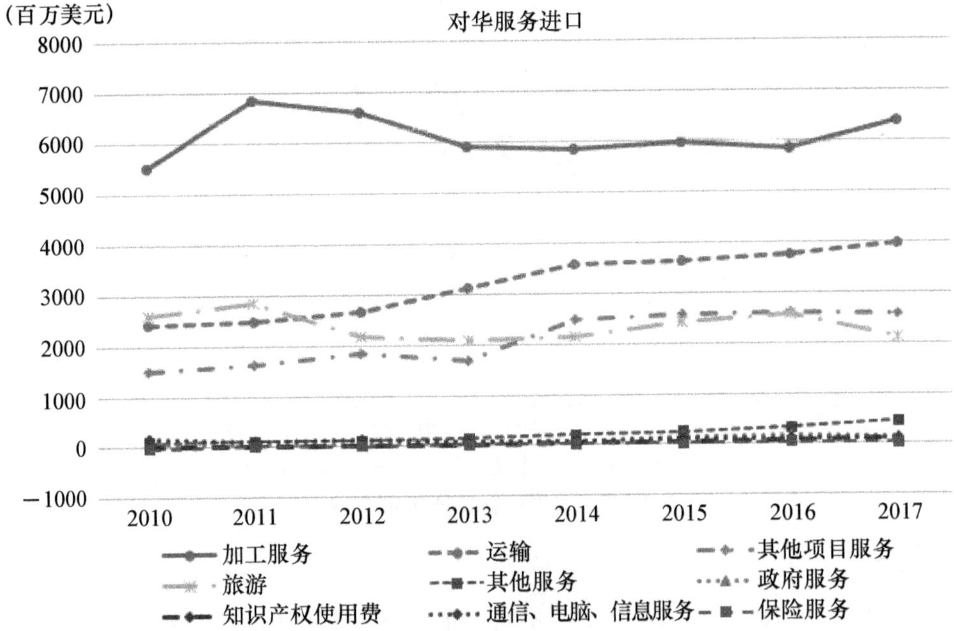

图 6　各领域中韩服务贸易

资料来源：韩国银行，服务贸易统计 DB。

（三）投资

中韩两国已经互为重要投资伙伴，以 2015 年投资金额为基准，中国是韩国第二大投资伙伴国。据韩国进出口银行海外投资统计，韩国对华直接投资以累计投资金额为准，从 1992 年的约 2 亿美元增长到了 2015 年的约 520 亿美元。主要投资领域为制造业，截至 2015 年，投资总额的 80.7%集中投到了制造业，主要是电子部件、电脑和音像以及通信设备、电气设备等。而对华服务业的直接投资只占对华投资总额的 17.9%，主要分布在批发零售、金融与保险、房地产服务业。

据中国商务部外商直接投资统计，韩国是中国第四大外商投资国，截至 2015 年，韩国对华直接投资额为 40.4 亿美元，占所有外商直接投资的 3.2%。

同时，据韩国产业通商资源部的外商投资统计资料显示，截至 2015 年，中国已是韩国第三大外商投资国，对韩直接投资额（以申报金额为准）比上年增长了 66.4%，有 88.1%的投资集中在服务业上。2014 年服务业投资中房地

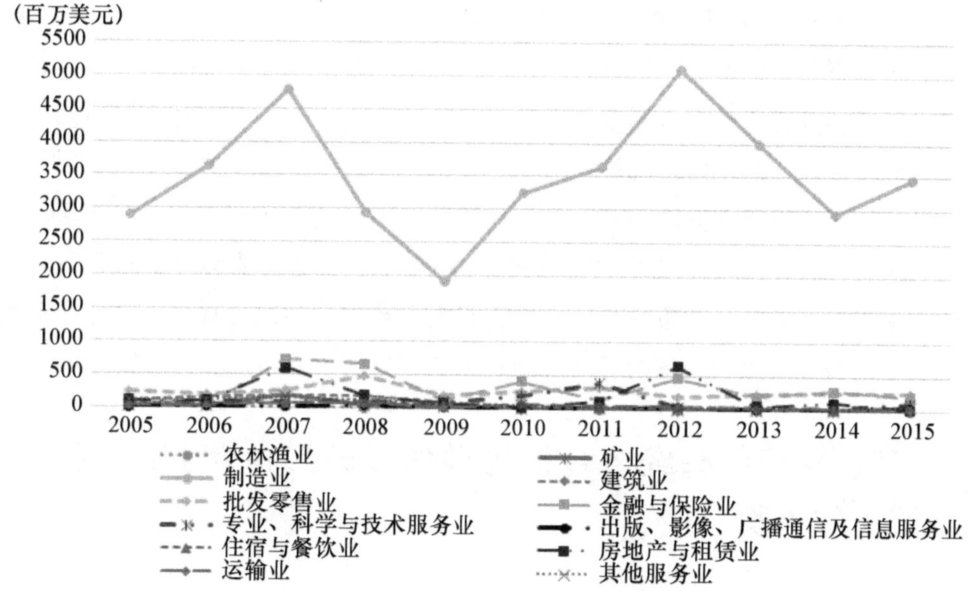

图 7　韩国各行业的对华投资

资料来源：韩国进出口银行，外省投资统计 DB。

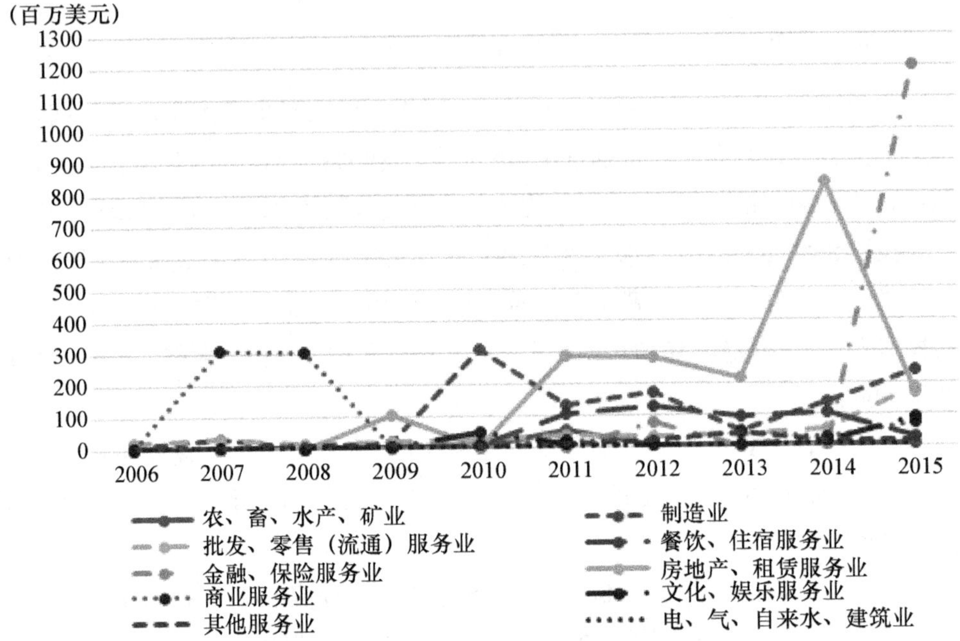

图 8　中国各行业的对韩投资

注：投资规模以申报金额为准。
资料来源：产业通商资源部，外商投资统计 DB。

产和租赁服务大幅增长，而 2015 年金融和保险服务领域投资骤增。同时，近来中国对韩投资逐渐向旅游观光、医疗服务、文化内容、时尚与 IT 产业扩大，呈现出投资行业的多样化趋势①。

中韩两国投资交流的规模相对商品贸易较小且偏向部分领域。为了寻求两国未来经济合作发展，需要进一步搞活中韩两国投资以及努力实现领域多元化，还需伴有制度、政策改革，打造良好投资环境，并通过计划于协定生效两年后启动服务与投资领域的后续谈判进一步开放服务市场，扩大市场准入。

三、关于中韩经济合作的评估：进入中韩 FTA 时代新经济合作阶段

中韩 FTA 将会是 1992 年两国建交以来得到快速发展的中韩经济合作的一

① 国立外交院外交安保研究所中国研究中心（2016），p. 273。

个历史转折点。分阶段来看，2001年中国加入WTO开始至中韩签订FTA为止可以视作中韩经济合作的第二阶段，这段时期随着中国扩大出口，出口用半成品交易剧增，韩国企业开始为抢占中国内需市场大举对华投资，这些企业带去的内需用出口也相应得到增长。但是近年来，中国产业开始从劳动集约型转向尖端型，随着中国竞争力的提升，半成品产业出现了进口替代。同时进军中国的韩国企业带动出口的效应也相对降低，中韩两国贸易开始下滑，部分韩国企业出现了转向其他国家的动向。

中韩FTA生效以后的中韩两国经济合作可视为第三阶段。中国经济开始进入中高速发展期，同时把过去出口为主的发展战略转换为内需为主的战略。中韩两国经济合作结构也正在从加工贸易为主转向内需型贸易，尖端部件和材料贸易规模不断加大。投资也从中国境内最终材料组装产业转向半成品产业，LCD、半导体、石油化学等部件与材料领域的投资不断扩大。同时，随着韩元对人民币直接交易市场启动协议达成，以及韩国在中国债券市场发行人民币国债等金融与货币领域的相关合作，资本合作项目也得到了不断强化。

近来，受到中国推行国产部件替代进口、全球需求缩减、贸易与产业结构调整、推行“一带一路”项目等围绕中国对内对外因素变化的影响，韩国面临着对华出口与投资结构的变化局面，因此，有必要设定新的经济合作路线。除了原有中韩通商贸易领域的合作以外，还有必要筹划产业领域、制度政策性领域等多方面的新合作方案。

（一）世界经济与中国经济增长减速引起的出口低迷

世界经济萧条和全球需求缩减使得中国出口不振，对华出口结构以半成品为主的韩国同样难逃一劫。今后，中国经济在人口红利消失、环境污染与能源不足等的制约、供大于求的结构调整压力等各种因素作用下，其增长率预计仍将持续低迷。

但是，在新兴产业发展、“一带一路”推进以及“二胎政策”放宽等新的增长动力下，预计中国经济不会出现大滑坡。即便如此，中韩FTA的发布以及改善贸易与投资合作环境的努力，仍然不能完全避免世界经济萧条和中国经济增长放缓对中韩两国经济合作产生的消极影响。

(二) 中韩两国分工关系变化以及产业竞争的深化

中韩两国在传统制造业方面一直保持韩国提供半成品、中国负责加工组装以及出口的分工关系，而如今，这种分工结构已经达到了极限。2004 年中国加强加工贸易限制以后，中国进口的加工贸易占比已从 2005 年的 41.5%缩减到了 2015 年的 26.6%，减幅达 14.9 个百分点，同期加工贸易的进口依赖度也从 65.8%降至 56.0%，降幅达 9.8 个百分点①。中国进口结构在加工贸易方面正在快速转向普通贸易为主，这一变化，是韩国对华出口减少的直接因素。

随着进口结构的转换，中国正在努力提高国产部件在半成品产业中的自给率。20 世纪 90 年代中期，中国以耗材为主推行了进口替代，在确定内需中心发展战略以后，又在积极推行资本货物和半成品为主的进口替代。这种结构变化影响了韩国对华加工贸易用半成品的出口，导致韩国整体出口增长率的下滑，尤其自 2005 年以后，韩国自中国进口半成品的增加率高于韩国对华半成品出口增加率，半成品产业在对华贸易中的盈利规模逐步缩减。此外，进军中国的韩国企业遭遇中国内需不振和零部件本地采购比例上升以及中国推行的进口替代战略，均是导致对华出口不振的主要因素。

同时，“中国制造 2025”“互联网+”等产业结构升级政策的落地，以及原材料与零部件自给率的提高等进口替代的实施，将进一步提升中国制造业竞争力。尤其是“中国制造 2025”的十大战略产业与韩国未来 19 大增长动力领域存在不少重复内容，未来两国竞争的激化是不可避免的。

综上所述，随着中国进口结构转型、进口替代落实以及产业升级政策推行等，中韩两国分工关系发生改变的同时，两国经济合作也正在转向合作与竞争共存的模式。

四、中韩 FTA 时代新经济合作的发展方向

(一) 通商贸易领域合作的多元化与高度化

我们需要站在全球分工结构立场上努力扩大两国经济合作，进而导出未来

① KIEP (2016), p. 4.

合作方向和方案，而不应局限于单纯的双边贸易关系。两国的经济合作有必要从以商品贸易和投资为中心扩展至包括服务领域的全方位合作，有必要向中韩两国加强经济结构互补的方向发展，为此必须通过改善相关制度环境，使资金、信息、物流、人员交流更加顺畅。通过中韩 FTA 下调关税以及放宽非关税壁垒等措施进一步扩大相互市场的开放，改善通商环境，为持续扩大两国贸易开展相互合作。特别是有必要为中韩两国企业提供可预测的投资环境，使其能够解决投资市场中面临的问题以及不确定因素，营造进一步扩大投资的市场条件。

同时，需要把过去以制造业为主的两国产业合作范围扩展至服务业以及尖端产业等，开发相关领域的交易与投资。在文化内容产业或嫁接 ICT 技术和尖端制造业等两国可互补领域扩大合作，对深化中韩两国经济合作很有必要。

中韩未来应在两国贸易结构升级的实质性方面确定中长期目标，进一步扩大合作。为了加快贸易结构转型升级，中韩两国应制定可在金融、国有企业等结构性改革领域和尖端产业、高附加值服务产业扩大贸易和投资比重的具体合作方案。

同时，有必要开发与中小企业和流通领域密切相关、充分利用中韩 FTA 的全新商务模式，并通过两国技术合作与联合技术开发搞活交易、探索共进第三国市场的合作方案。推动中韩企业在技术、资金、流通领域的联系，通过 FTA 减少各个生产环节交易费用以及细化生产分工，促进两国中小企业参与全球价值链（GVC），有必要考虑配备企业层面扩大共同合作的方案。

（二）扩大产业领域合作以及改善相关制度、政策

中韩两国需要深化各产业领域合作，加强优化分工结构的未来型合作，同时推进落实政府高层以及实际开展业务级别的协商会制度，对共同关注的贸易、投资、金融、社会安全领域开展定期讨论，以此加强宏观经济政策的合作。上述定期合作渠道的构建，可以加强两国经济政策以及主要法规方面的信息交流，提高合作产业和领域相关法律法规透明度以及相互预测的准确性。为此，对代表性产业领域的合作课题和制度改善提出如下政策建议：

第一，在 ICT 产业领域构建联合应对网络安全的系统，开展信息通信相关

技术标准化、大数据、物联网等全新核心领域的联合研究课题以及人员交流等，将对中韩两国走向高附加值产业的共生发展产生积极影响。特别是针对具有跨境特性的网络空间安全问题构建信息共享平台，共享相关 URL、IP 以及恶意代码信息等，将可提高对网络安全威胁的应对能力。

第二，在科学技术领域针对尖端产业与未来成长动力产业开展两国战略性联合研发，成立科研中心，联合培养中韩创业人才，有必要探索和实施具体的制度性改善方案。这对两国科学技术产业的共同发展以及强化中韩企业在国际产业链中的作用，都是必须的合作方向。

第三，加强金融与货币领域的合作，就构建人民币离岸中心、配备和搞活金融机构互入、努力稳定区域金融市场等，探索深层次合作方案。同时为了在互联网、移动通信、P2P 等领域探索全新合作机遇，有必要完善相关欠缺制度与规范，共同探讨管理监督、确保健全性、标准化等方面的进一步合作。与此同时，还需要持续开展亚投行相关政策的讨论和交流，为两国企业创造新的业务机遇，探索共同参与方案。

第四，在环境保护领域开展大气、土壤、水质管理方面的合作以及环保产品与服务的开发、环保产业相关联合研究、配备环境标志共同标准等合作，为此，首先需要中韩两国执行机构与地方政府加强合作。

第五，持续开展就改善相互投资环境，通过促进招商引资扩大经济交流以及加强两国关系的讨论。中韩两国需要从政府角度持续推行投资合作项目的挖掘和招商引资、为企业排忧解难等相关讨论，通过创业和创新的谅解备忘录（MOU）加强两国创业投资交流与民间官方合作。

第六，电子商务是新的流通渠道，也是近来倍受重视的重要领域，其合作需要构建有效电子商务系统和安全网络，持续改善制度性准入壁垒，扩大和搞活电子商务。由于电子商务的制度改善局限在某些地区，但因物流、检疫、认证等制度准入壁垒，企业遇到的困难并未得到实际解决，因此有必要改善未来支付、通关、物流配送等系统，中韩政府应持续开展加强电子商务中的消费者权益保护等相关制度讨论。

（三）通过中韩两国发展战略对接开展合作

中韩两国地理位置接近，经济互相连通，应通过两国发展战略和主要经济政策的对接，挖掘可合作领域，具体化应对方案，进一步深化相互合作。

2015 年 10 月 31 日，中韩两国签署了经济领域 17 项 MOU，其中与两国发展战略相关的 MOU 是韩方“欧亚倡议”与中方“一带一路”合作、中韩共同开拓第三方市场开展合作、韩方“创造型经济”与中方“大众创业 、万众创新”合作、韩国“制造业革新 3.0”与“中国制造 2025”合作 4 项谅解备忘录①。

韩国的“欧亚倡议”和中国“一带一路”的联系，是国家中长期对外发展战略的联系，需要两国未来在经济政策互助、连接基础设施、搞活贸易与投资、金融与人员交流等方面扩大开展战略性合作。具体而言，在战略对接过程中，有必要强化中国东北三省和朝鲜半岛、俄罗斯远东地区的联系。

中国于 2015 年 3 月发布的“一带一路”战略已开始进入正式实施阶段。“一带一路”战略由“政策沟通、道路联通、贸易畅通、货币流通、民心相通”五大重点合作方案（五通）组成，“十三五”规划提出了以“一带一路”为重点建设基础设施和国际大通道、联合建设国际经济大走廊、加强能源合作、建设海外产业集群、参与亚投行（AIIB）和金砖国家（BRIC）开发银行建设、构建丝绸之路基金等倡议。因此，两国需要从基础设施、城市建设、能源、IT 与通信、环境等领域结合相互比较优势，配备共同开拓第三方市场的具体方案。这就需要中韩两国在探索利用亚投行等多边开发金融机构的资金支援方案以及联合开展调研工作、加强共享经验与信息等方面紧密协作，共同开拓第三方市场。

在制造业领域，有必要把韩国“制造业革新 3.0”以及重点培养产业等战略与中国的“中国制造 2025”“互联网+”、战略性新兴产业政策等进行衔接，从而推进高度化合作，为发展智能制造业发挥相互协同效应。“中国制造 2025”的核心在于融合制造业和 ICT 产业，将会产生相关 ICT 软件和设备需求，因此，可以期待两国在互补性领域寻求新的合作机遇。同时，为了发展中国产业信息化项目以及提高两国产业的生产效率，也需要推出衔接韩国“制造业革新 3.0”和“中国制造 2025”的具体合作方案。

① 国立外交院外交安保研究所中国研究中心（2016），p. 286-287.

(四) 参与区域以及多边经济合作

中韩两国可以中韩 FTA 为开端，联合参与中日韩 FTA、区域全面经济伙伴关系（RCEP）、“10＋3 机制”（ASEAN＋3）等区域内经济整合与合作，以经济交流与合作为基础不断巩固区域稳定。特别是有必要针对环境、能源问题等跨境危险因素通过共同合作探寻有效应对方案。

计划于 2015 年 12 月生效后的 2 年内启动的中韩 FTA 后续谈判，应反映未来两国经济结构变化，同时通过持续发展相互合作使其成为 RCEP、亚太自由贸易区（FTAAP）、中日韩 FTA 等主导域内经济整合过程的 FTA 典范。

金準东，韩国对外经济政策研究院副院长
李贤泰，韩国对外经济政策研究院副研究委员
吴允美，韩国对外经济政策研究院研究员

参考文献

[1] KIEP. 透过贸易特化系数洞察的中国产业发展阶段的变化和启示 [J]. 今日世界经济，2016，16-20.

[2] KITA. 中国贸易结构的变化与启示（2000—2015）[J]. Trade Focus，2016，15.

[3] 国立外交院外交安保研究所中国研究中心. 2015 中国局势报报，2016.

[4] 이장규 等. 中速发展的中国经济与中韩经济合作 [M]. 经济人文社会研究会. 中国综合研究联合研究丛书（15-40-08 号）. KIEP，2015.

[5] 정지현, 김부용. 中国内需用进口结构的变化与韩国的应对. KIEP 研究资料，2015，15-01.

[6] 한광수. 全球金融危机以后，中韩经济合作结构的变化——关于中国发展战略的转型 [J]. 东北亚经济研究（韩国东北亚经济学会），2014，26（4）.

[7] 现代经济研究院. 韩国对华出口结构的特点与启示 [J]. 经济周评 2016，16-19（总第 692 号）.

[8] 中华人民共和国商务部. 2015 年 1—12 月全国吸收外商直接投资情况, 2016.

[9] 韩国贸易协会，国内进出口统计 DB.

[10] 韩国贸易协会，中国进出口统计 DB.

[11] Trademap. 各国进出口统计 DB.

[12] UN Comtrade. 各国进出口统计 DB.

中韩 FTA 时代经济合作发展趋势研究

王昌林　刘　旭　孙　伟

自 1992 年建交以来，中韩经济合作发展迅速，年均增幅超过 20%以上的双边贸易创造了中国与单一国家国别贸易年度平均增幅最高纪录。2015 年 6 月 1 日，中韩正式签署自由贸易协定（简称中韩 FTA），并于同年 12 月 20 日正式生效。中韩 FTA 的签署丰富了两国经济合作的内容和形式，提升了合作层次，将有望在两国关系经历短期波折后重新开启中韩两国经济合作新篇章。

一、中韩建交以来经济合作发展历程

（一）中韩建交推动双边经济关系正常发展（1992—2000 年）

1. 中韩建交前双边经济联系主要以小规模间接贸易为主

从 20 世纪 70 年代末到 80 年代中期，中韩两国的经济联系主要形式是间接贸易，香港和澳门作为主要货物中转地，双边贸易规模很小。进入 80 年代后半期，随着中国改革开放的不断深入与韩国“北方外交”政策的实施，中韩开始逐渐恢复两国关系，两国政府也开始通过民间方式有计划有步骤地由单纯的间接贸易发展到直接贸易。同时，韩国企业面临国内劳动力成本上升的问题，开始向东南亚和中国进行投资。两国在贸易、投资等领域的合作有了初步发展。

2. 中韩建交为中韩经济关系正常发展扫清了障碍

中韩两国于 1992 年 8 月 24 日正式建立大使级外交关系。1992 年 9 月和 1994 年 3 月，韩国时任总统卢泰愚和金泳三先后访问中国，与中国高层领导人会晤，建立了良好的政治关系，极大地带动了经济关系的发展。特别是《中韩贸易协定》《中韩投资保护协定》《中韩关于设立经济、贸易、技术联合委员会协定》以及《中韩科学技术协定》的签署，为中韩经济关系的全面迅速发展提供了法律方面的保障，为加强两国的经济技术合作做好了组织上的准备。到2000年，中韩双边贸易额已经从建交之初的64亿美元增长到345亿美元，增长了4倍之多；韩国对华投资从1亿美元增长到15亿美元，投资合作初具规模。

（二）中国加入WTO后中韩经贸关系实现快速发展（2001—2014年）

1. 中国加入WTO为中韩经贸合作提供重大机遇

进入21世纪以来，中国积极适应经济全球化深入发展的大趋势，以加入世界贸易组织为契机，全面推进外贸、外资等涉外经济领域的改革，逐步建立起适应社会主义市场经济发展要求和与世贸组织规则相一致的涉外经济体制。一是按照加入WTO承诺，分阶段大幅削减进口关税，除个别例外产品，全面取消非关税壁垒，积极扩大市场开放。进口商品关税总水平从2001年的15.3%逐步降低到9.8%，取消了424个税号产品的进口配额、进口许可证和特定招标，极大地刺激了韩国对华出口。二是全面放开外贸经营权，允许包括自然人在内的所有经营主体依法从事对外贸易，提高了相关主体发展对韩贸易的积极性。三是按照世贸组织的非歧视原则要求，不断调整完善利用外资政策和法律法规，逐步落实对外商投资的国民待遇，投资环境大幅改善，对韩国企业来华投资产生了很强的吸引力。

2. 中韩贸易实现前所未有的快速增长

中韩贸易额自2001年以后进入高速增长期，其间虽受国际金融危机影响有所波动，但很快逆势上扬。2003年7月8日，中韩建立全面合作伙伴关系。2004年起，中国超过美国成为韩国第一大贸易伙伴，中韩双边贸易额在韩国外贸总额中的比重超过两成。同时，韩国成为中国第四大贸易伙伴和出口市场、第三大进口来源地。中韩两国经贸关系的发展是两国经济增长的重要动力，而且中韩经贸投资关系经受住了2008年国际金融危机的考验。2008年，中韩将全面合作伙伴关系提升为战略合作伙伴关系。经过多年的发展，中韩经济相互依赖程度日益加深。中国是韩国最大的贸易伙伴、出口市场、进口来源国、对外投资目的地、旅游目的地和留学生来源国；韩国在2013年和2014年连续成为中国第一大进口来源国，分别占到当年中国全部进口额的 9.4% 和 9.7%。中韩双边贸易额超过韩国对外贸易总额的 1/5，超过了韩国与美国、欧盟的贸易额之和。

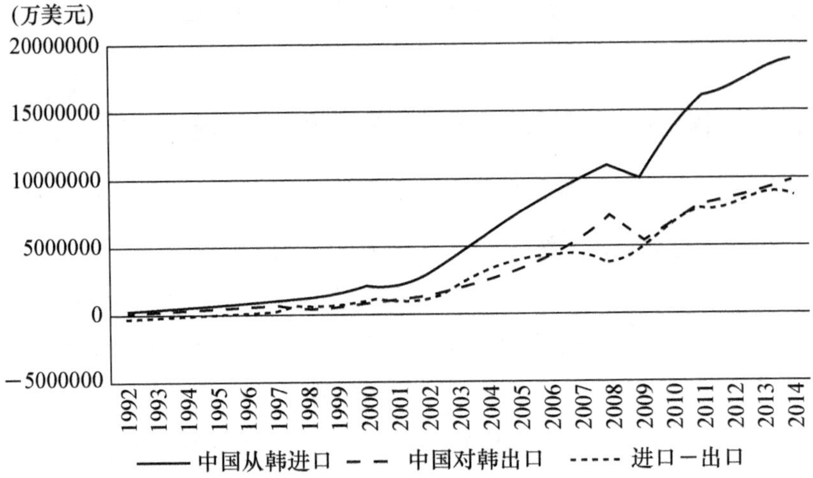

图 1　中韩贸易进出口情况（1992—2014 年）

数据来源：韩国国家统计局网站（1992—1997 年）；中国国家统计局（1998—2014 年）。

3. 韩国对华投资进入快速增长之后的相对稳定期

韩国对华投资在建交初期快速增长，在受到 1998 年亚洲金融危机冲击后出现短暂下滑，随后又在中国加入 WTO 的刺激下迅速回升，在 2004 年达到顶峰 63.4 亿美元，但之后开始经历长期下滑，直到 2011 年开始缓慢回升。韩国企业来华投资的主要动机包括：进入中国内需市场、利用当地廉价劳动力、获取海外资源或原材料供给、韩国国内经营条件恶化、改善出口环境和条件等。制造业是韩国企业对华投资的主要领域，其中，家电、通信设备、汽车、化工、采矿及机械设备等领域的投资呈现相对上升的趋势，说明韩国企业对技术密集型行业的投资在不断增加。三星、大宇等大企业集团在华设立了研发机构。2005—2010 年，韩国对华投资规模下滑，主要原因是中国招商引资优惠政策减少、劳动力成本上升，不少韩国企业转向东南亚成本更低廉的国家。

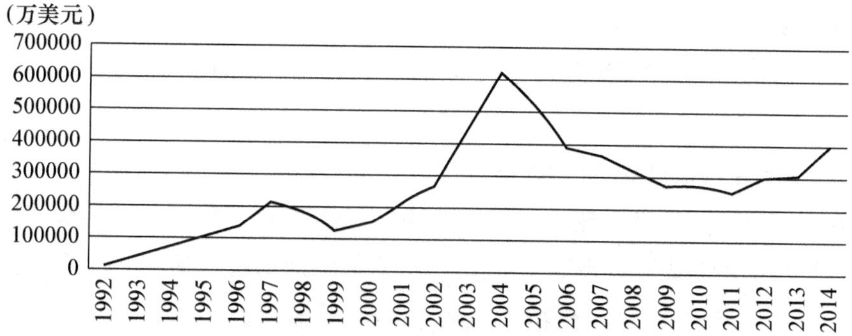

图 2　中国实际利用韩国外商直接投资金额（1992—2014 年）

数据来源：中国国家统计局、中国商务部，外资统计数据。

（三）中韩 FTA 的签署标志着中韩经济合作新时代的到来（2015 年后）

1. 中韩经济合作纳入制度性框架

2015 年 6 月 1 日，中韩 FTA 正式签署，标志着中韩自贸区建设正式完成制度性框架设计，进入实施阶段。中韩自贸协定不仅带来两国间商品和服务贸易规模的扩大，而且也为两国经贸往来制定了规范，提供了制度保障。中韩自由贸易区的合作不仅局限于贸易投资领域，而且上升到政府规制、环境保护、产权保护等各个方面。中韩 FTA 首次涉及了高标准的“21 世纪贸易议题”新规则，如知识产权、竞争政策、电子商务、政府采购环境和非关税壁垒等内容，体现了中国对于国际贸易投资规则新模式的探索和尝试。这是典型的在现有制度背景下资源配置效率改善空间已充分挖掘的情况下，两国政府就进一步制度松绑达成共识，希望谋求更大范围内的经济共赢而实现的制度安排。

2. 中韩经济合作迎来新的发展机遇

历经 30 多年的发展，中国经济总量突破 10 万亿美元，成为世界第二大经济体，但考虑到人均 GDP 水平较低，仍属于发展中国家行列。韩国虽然在经济总量上低于中国，但人均 GDP 是中国的 3 倍，已迈入发达国家行列。中韩两国地理相邻、经济互补性强，发展经贸合作具有得天独厚的有利条件和巨大潜力。建立中韩自贸区后，两国间商业活动和经贸往来会更加自由、便利和规范，这将成为两国进一步发挥经贸合作潜力的重要契机，推动中韩经贸关系实现更大飞跃。据中国国务院发展研究中心测算，中韩自贸协定将拉动中国实际国内生产总值（GDP）增长 0.34 个百分点，拉动韩国实际 GDP 增长 0.97 个百分点。

3. 中韩经济合作进入 FTA 时代

在中国已经签署和实施的自贸协定中，从经济规模和双边贸易额来看，东盟是中国最大的自贸协定伙伴。但是，从单个国别来看，韩国是迄今为止中国最大的自贸协定伙伴。中韩自贸协定的签署，显著提升中国自贸协定的贸易覆盖率，也使韩国成为唯一一个与欧洲、美国、中国三大市场同时签订 FTA 的亚洲经济体，[①] 使得韩国的“FTA 经济领土”升至世界第二位。[②] 对比亚太地区目前签署的 FTA，中韩 FTA 的水平涉及议题的广度明显高于韩国-东盟、中国-东盟等发展中国家参与的双边贸易协定，和韩国-加拿大 FTA、韩国-澳大利亚 FTA 等发达国家之间的 FTA 相比也并不逊色。

二、FTA 时代中韩经济合作的变化趋势

（一）中韩贸易进一步向自由化方向发展

1. 中韩贸易规模有望逐步扩大

根据中韩签署的 FTA，双方在货物贸易领域实现了较大幅度的关税减让。中韩 FTA 签署 20 年后，所有协议关税减让内容将实施完毕，届时中国将有 7498 项税目实行零关税，占税目总数的 91.51%；韩国将有 11312 项税目实行零关税，占税目总数的 92.48%。这一关税减让水平要高于中国之前所签署的绝大部分 FTA，在韩国签署的 FTA 中也处于较高水平。这意味着中韩之间更低的贸易成本、更大的共同市场和更好的商业环境。中韩自贸区将为两国产品的相互出口创造良好条件。两国国内市场将形成一个统一的区域性市场。这种市场范围的扩大可以促进企业生产的发展，使生产者可以不断扩大生产规模，降低成本，享受到规模经济效益，并且可以进一步增强区域内企业对外，特别

① 另外两个是秘鲁和智利。

② 郭锐，杨端程：“FTA 时代的中韩战略合作伙伴关系发展：机遇、挑战与思路”，《当代韩国》，2015 年第 3 期。

是对非成员同类企业的竞争力。2017年，中韩双边经贸额为2802.8亿美元，同比增长10.9%。其中，中国对韩出口同比增长9.7%，从韩进口额增长11.7%。

2. 中韩贸易结构逐步优化

不可否认，化工、钢铁、电子、机器设备等韩国优势性出口产品将对中国相应产业产生一定冲击，而韩国的农产品和轻工产品等也将受到影响。但从长期来看，中韩自贸区给中韩相对弱势产业带来的外部刺激将倒逼国内政策调整和产业结构升级。从近些年中韩贸易结构变化趋势来看，中国向韩国出口结构已由纺织服装类产品和矿产品转向集成电路、计算机和钢铁等产品。随着中国对先进设备的投资以及技术创新能力的不断增强，中国自韩国进口原材料和零部件的需求有所下降，转为国内自给。从长远来看，中韩两国企业在信息技术、电子、钢铁等行业的竞争进一步凸显，将推动贸易结构不断优化。

3. 中韩服务贸易合作领域不断拓展

根据中韩签署的FTA，中韩在服务贸易领域的出价均实现了较高的自由化水平。双方以各自在世贸组织多哈回合谈判的出价为参照，进一步解决了彼此的重要利益关注。主要体现在：韩国在中国关注的速递和建筑服务领域，首次作出超出其所有现有自贸协定水平的承诺。中国也在韩国关注的法律、建筑、环境、体育、娱乐服务和证券领域，根据现行法律法规作出进一步开放承诺。同时，双方还就电影、电视合拍及出境游作出相应安排。中韩自贸区建成后，两国服务贸易自由化和便利化大大提高，将成为韩国向中国出口优势服务的催化剂，也将强化中国对韩国在物流、建筑工程承包、软件信息等优势服务贸易的出口。

（二）中韩两国从单向投资向双向投资方向发展

1. 韩国对华投资将呈稳步上升趋势

韩国对华投资自2004年以来呈现减少趋势，但2011年是转折点，韩企对华投资逐渐增加。据韩国贸易协会北京代表处消息，中韩自贸协定生效后，韩国对华投资增长势头强劲。2016年，韩国对华投资又现波峰，达到47.5亿美元，同比增加17.8%。2017年，由于受到萨德问题的影响，韩国对华投资回落至36.7亿美元。截至2017年末，韩国对华投资累计达到723.9亿美元，占中国吸引外资规模的 4%左右，为中国第六大外资来源地。同时，韩国对华直接投资结构也呈现现出一些新特征。一是由纺织、汽车、电子等传统优势行业转向新能源、液晶面板等新兴产业；二是由最终消费品生产转向高附加值零部件生产；三是由面向发达国家市场从事传统加工贸易转向中国本土市场；四是服务市场开放所带来的商机的增加以及和保护投资人相关的规定逐步健全，进一步吸引韩国企业在华投资服务业。

2. 韩国对华投资将进一步向西部地区扩展

近年来韩国企业的投资区域已经逐渐开始从东部沿海向中西部扩展。然而，韩企在我国西部无论从投资额还是从企业数量来看，所占比重均很低。这也表明，韩国企业在中国西部投资发展的空间还很大。随着中韩 FTA 时代的到来，中方也明确欢迎韩国企业加大对西部的投资，再加上“一带一路”倡议和“长江经济带”战略的实施，为吸引韩国企业赴西部投资带来难得机遇。当前三星电子、现代汽车等韩国主要大企业已经先后在陕西、四川、重庆等地进行大规模投资，未来这一趋势还将延续下去。

3. 中国企业对韩投资有望迅速回升

过去很长时间，中国企业对韩投资规模很小。近年来，中国企业赴韩国投资的速度不断加快。2015 年达到顶峰，约为 13.2 亿美元。2016 年、2017 年由于受到萨德问题的影响，中国企业对韩投资迅速回落至 11.5 亿和 4.2 亿美元。截至 2017 年，中国对韩累计投资 49 亿美元。在韩中资企业分为三类：一是中国工商银行、中国银行等大型国企和央企在韩国的区域性总部；二是以外贸企业为代表的民营企业出于在韩拓展业务考虑，在韩国设立的分支机构；三是部分企业在韩国设立的研发中心和技术转化基地。从最新情况看，中国企业在韩投资，主要集中在服务业，其中在电子游戏、娱乐为代表的文化产业，化妆品、服饰为代表的消费品行业以及电子技术、医疗保健、金融等领域尤为明显。据公开报道，2014 年以来，已有多起中资并购或参股韩资企业。例如，腾讯入股韩国知名游戏企业 CJGames，华策影视收购韩国影业公司 N. E. W. 15%的股份并成为其第二大股东，中国安邦保险集团收购韩国寿险企业东洋人寿等都是比较著名的案例。目前，中国资本已成为韩国婴幼儿用品公司阿卡邦、韩国影视制作公司绿蛇传媒等 12 家韩国企业的第一大股东。中韩自贸协定中有专门的章节界定有关直接投资的规范化，而随着中韩关系经历了一年多的波折后回到正轨，中韩自贸协定的框架逐步建立，中韩文化的交融，韩国投资环境的改善，中国的资金优势与韩国的技术优势、品牌优势相结合，中国企业在韩国高端消费品、食品、美容整形、旅游产业、新兴产业等领域的投资有望出现较高幅度的增长态势。

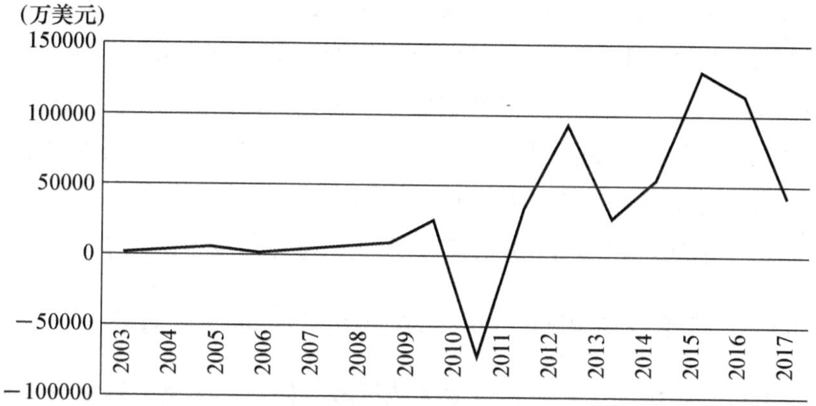

图 3　中国对韩直接投资净额（2003—2017 年）

数据来源：中国统计年鉴、中国商务部，《2017 年中韩经贸合作简况》。

（三）中韩产业合作向多元、融合方向发展

1. 双方产业合作领域将进一步拓展

除传统制造业外，中韩两国在高技术、汽车、能源、旅游、速递、通信服务、金融服务、建筑、运输等行业的合作将持续深入推进。在中韩 FTA 中，中方承诺在视听合作合拍、出境游、环境以及法律、建筑和相关工程、证券等具体领域放开，探索实施"准入前国民待遇＋负面清单"的开放模式，韩国承诺在建筑、速递、医疗等领域扩大市场准入，业务范围空间扩大。这为双方企业发挥各自的技术、商业模式、人才等优势拓展对方市场提供了重大机遇。

2. 新兴领域合作快速发展

近年来，中韩两国在文化创意、跨境电子商务等新兴领域的发展十分迅速。在文化创意领域，中韩由于地缘相近、文化相通，双方影视作品艺术交流历来频繁。两国开展了大量的合拍电影、文化演出、共同开发文化产品等合作，有效地促进了两国文化交流。在跨境电商领域，2016 年中韩跨境电商海运

业务正式开通后，中韩已经形成了包括空运、海运、邮运的立体化跨境电商“黄金通道”，跨境电商规模大幅度增长。在智慧城市领域，广东东莞东城中韩智慧城市产业园已经正式运作，目前效益良好。

3. 中韩两国产业链之间将实现更加紧密的融合

随着经济全球化的不断深入发展，全球价值链的逐渐扩展，特别是区域生产网络的日益融合，促使两国相关产业内生产环节的细化分工，提高了生产效率和国际竞争力。中韩两国建立自贸区对产业界的好处，不仅体现在更低的关税和更大的共同市场，更重要的是，它意味着通过降低贸易成本和相互开放市场，进一步促进两国产业链的深度融合，提升两国产业在东亚区域生产网络和全球价值链中的地位和作用，增强双方产业在全球市场上的竞争力。

（四）中韩经贸合作进一步带动更大范围的区域合作

1. 中韩FTA为推进东亚和亚太区域经济一体化产生良好的示范效应

中韩两国签署FTA，是东北亚地区地缘经济互融互享的重大事件，事件的波及范围将对整个东北亚地缘政治格局产生深远影响，对于推进亚太区域经济一体化进程具有良好的示范效应：其一，开放的水平和层次对中国和亚太既是尝试也是标准，为未来中国区域自贸协定的谈判提供了先行先试的经验；其二，中韩自贸协定提供了一个未来中国和亚太自贸区谈判和开放的范本；其三，中韩自贸区谈判将对中日韩自贸区谈判、区域全面经济伙伴关系（RCEP）谈判等起到示范效应。中韩自贸协定的签署和实施有助于加快东亚和亚太区域经济一体化，推动构筑亚洲“命运共同体”，开创亚洲新未来。

2. 中韩区域合作倡议对接空间扩大

目前，中国对外开放呈现以“一带一路”建设为总体战略，以国际产能合作和自由贸易区建设为主要抓手的新特征，区域合作领域明显扩大、深度明显增加、主动性明显增强。韩国提出“欧亚倡议”，扩大与亚欧大陆经济体合作，推行新时期的贸易战略路线图。“一带一路”和“欧亚倡议”在多个方面相契合，中韩已签署关于“一带一路”和“欧亚倡议”对接的备忘录及系列文件。两大倡议实现对接，将推动区域经济一体化进程，联通活跃的东亚经济圈和发达的欧洲经济圈，在助推中韩两国更加紧密地与世界经济融合发展的同时，将激活欧亚大陆的经济增长潜力，并进一步影响和带动世界经济复苏。

3. 中韩推动国际产能合作孕育亚洲经济增长的新亮点

当今世界格局中，中国处于工业化中期，拥有世界中端的工业生产线和装备制造水平，韩国处于较高水平，而亚欧大陆许多发展中国家尚处在工业化初期。推动国际产能合作，对中国而言，存量资产因此得到盘活，促进产业链迈向中高端；对韩国来说，意味着更多的出口与就业；对第三方市场则意味着获得更高性价比的装备与工业生产线，满足自身工业化的需求。目前，亚洲许多国家对基础设施建设和推进工业化的需求很大，而中国很多装备和产能质优价廉，综合配套能力强，韩国企业技术水平较高。中国与韩国都有这种合作需求，一旦携手共同开发第三方市场，将会产生 1＋1＋1＞3 的合作外溢效应，进而孕育出亚洲经济增长的新亮点。

2016 年萨德问题的出现短期内对中韩政治经济关系造成严重负面影响，中韩经贸合作呈现断崖式下跌。不过，随着 2017 年 12 月文在寅总统成功访华，标志着中韩关系正从低谷中走出，双方在经贸、绿色生态产业、环境、卫生、农业、能源、冬奥会等领域双边合作进一步拓展。一年多的低潮期给中韩双方如何在相互尊重彼此核心利益基础上更好开辟两国关系未来提供了借鉴和启示，也为双方未来更好开展经贸合作提供了增长空间。

三、FTA 时代的中韩经济合作重点领域

（一）服务贸易合作

从货物贸易向服务贸易转型是全球经济发展的新趋势，服务贸易已成为发达经济体的主要引擎，也是新兴经济体抢占新一轮国际产业转移机遇的重要抓手。从国际上看，主要发达国家的服务业成为经济增长和就业的主要渠道，全球服务贸易和国际服务业投资在全球贸易投资中的地位不断上升。从中国国内看，十八大以来，服务业成为全面深化改革、扩大开放的重要领域，大力发展服务贸易成为稳增长、促转型的新动力和新引擎。从产业发展趋势看，促进制造业和服务业融合发展，有助于提升中韩两国在全球产业价值链中的地位。

未来五年，服务型消费将成为中国城镇居民消费的重要领域，也将成为中国经济增长的重要支撑。在发展现代服务业方面，韩国具有较强的技术优势以

及比较成熟的做法和经验，特别是在工业设计、文化创意、旅游、健康管理等方面具有独特的和成熟的管理经验。2016 年 6 月，烟台一富川中韩文化创意产业示范园区在中韩（烟台）产业园区揭牌。积极推进中韩动漫体验馆、中韩动漫学院、韩国 KBS 电视台中国孵化中心、中韩设计学院、中韩版权保护交易中心等项目，将园区打造成中韩文化创意产业合作发展的制高点。此外，中韩 FTA 取消了多项医疗用品的关税，不仅将使得中韩两国医疗产品进出口贸易更加活跃，同时也会有更多的韩国医疗器械企业与中小医院进军中国。可见，双方的互补性经济需求将拉动两国服务贸易和投资的合作水平。

（二）产业合作

中韩 FTA 的签署必然促进双方投资便利化程度的提升，未来中韩之间各种经济要素的流动都会增强，产业合作也将迎来新的机遇。在高端制造业方面，中韩两国于 2014 年 7 月签署了《中韩产业合作谅解备忘录》，主要关注汽车、钢铁、船舶、机械、石化、平板显示等传统领域合作。随着中韩两国领导人分别提出“中国制造 2025”和“制造业革新 3.0”计划，双方的相互投资与合作将进一步向高新技术产业拓展。2015 年 10 月，中韩双方签署《中韩推进“中国制造 2025”与“制造业革新 3.0 战略”交流合作的谅解备忘录》，将合作开展在先进制造业、传统产业改造、绿色制造、智能制造、机器人开发、应用和标准化、工业设计等领域的未来发展和战略研究，推动智能工厂、绿色工厂、绿色园区等领域的合作开发、示范推广及经验交流。

在创新型产业方面，中韩双方领导人分别提出了“大众创业、万众创新”（简称“双创”）和“创造型经济”的概念。在经济结构调整的关键时期，中国希望“双创”成为推动经济继续前行的“新引擎”，并希望与其他国家的创新彼此对接，实现合作共赢。韩国政府希望通过创新型经济应对经济的持续低迷、内需市场不振、缺乏风险创新能力、企业活力不足等挑战，推动新兴产业发展，创造新的就业机会，重塑经济增长模式，引领经济的转型升级。目前，韩国已经在 IT 和新能源等领域进行了创新性实践。2015 年，中韩两大战略成功对接，并在“中韩企业合作创新中心”基础上，在中国成都成立了中韩创新创业产业园，将对双方的合作产生示范效应。此外，中韩在“互联网+”领域的合作空间也十分广阔。

（三）基础设施建设合作

基础设施建设是中韩共同关注的重点领域。基础设施互联互通是中国“一带一路”倡议的核心内容，也是中国国际产能合作的重点领域。韩国“欧亚倡议”关注重点是朝鲜、俄罗斯以及中国东北地区。中韩企业在基础设施建设方面具备互补优势，可以通过强化在第三方市场的基础设施建设合作，带动工程机械、建材、电力等领域的国际产能合作。

中韩两国在区域内合作的潜力很大。亚投行正式启动后，将很可能刺激亚洲地区出现大规模基础设施建设。中韩两国分别为亚投行的第一大和第五大出资方，且和新兴经济体产业高度互补，共同开展第三方基础设施建设具有广阔的前景。一方面，中亚国家、俄罗斯、蒙古资源丰富，基础设施薄弱，而中韩两国能源需求较多，另一方面，在产业发展、贸易、投资和技术合作等领域，中韩两国与上述国家间区域性合作的可能性非常高，但受交通不便，基础设施不足等因素影响，相互间缺乏合作。中韩两国积极推动“一带一路”与欧亚倡议对接，推动中韩企业在基础设施建设方面实现优势互补，强化在第三方市场的基础设施建设合作，带动工程机械、建材、电力等领域的国际产能合作，打造三方合作新范式。此外，中韩两国可依托G20框架，积极推动建立新老多边开发银行的合作机制，并推动国际机构投资者、私营资本参与基础设施建设。

（四）跨境金融合作

中韩跨境金融合作相对于双边贸易合作而言是一个短板，有望在中韩FTA的刺激下取得重点突破。比如，中韩FTA中约定为彼此的金融企业进军对方国家或开放资本市场时，双方都应努力提供互惠待遇。这将有利于提升双方金融机构跨境设立的分支机构发展本地业务，改变“客户跟随”导向，而更多分享所在国经济增长收益。

中韩双方在人民币离岸市场建设、资本市场合作方面依然有较大潜力。2014年12月，人民币—韩元直接清算市场正式启动，中韩金融合作的基础由此确立。2015年，李克强总理访韩期间，两国商定在上海建立韩元对人民币直接交易市场，允许韩国政府直接发行人民币债券。同年，首尔人民币离岸清算中心正式运行。尽管如此，中韩跨境金融合作依然面临汇率制度安排滞后、离岸市场不够发达、资本市场合作程度不高等有待解决的问题，在两国贸易投资本币结算、经常性货币交换等方面依然有较大合作空间。两国应通过扩大双边金融开放、提供互惠待遇等方式，促进金融资源跨境流动，提高资源配置效率，为双边经贸发展提供有效支撑；通过完善汇率制度安排、建设离岸金融市场等途径，降低双边贸易投资成本，共同促进东亚货币地位提升。

在区域金融开发合作方面，亚投行于 2015 年末正式成立，韩国是第五大出资国，这体现了中韩双方对于共同开展区域内开发性金融合作的积极态度，双方有望通过亚投行这一平台创新投融资合作形式，以影响区域性金融合作规则的制定，共同抵御金融风险。

（五）地方经济合作

中韩地方经济合作的历史由来已久。中韩 FTA 首次包含了地方经济合作的内容，明确提出“缔约方同意充分利用中韩自贸区的成果，促进地方经济合作，将威海与仁川自由经济区（IFEZ）作为实施合作项目的示范区”。这是中韩自贸协定谈判取得的重要突破之一，也是中国十多年来对外商谈自贸区的重大创举。协定规定，威海和仁川自由经济区在包括但不限于以下领域探索和实施合作，如贸易、投资、服务、产业合作，为两国交流合作发挥示范和引导作用。这将有利于地方政府通过充分发挥整合吸纳两国优质资源，促进中韩要素高效流动，探索建立中韩产业合作机制，共同打造优势品牌，辐射中韩两国互联互通的大市场。

对此，威海地方政府反应迅速，已出台《中韩自贸区地方经济合作开放试验区产业发展规划》，提出以形成商贸流通业优势特色为先导，以扩大市场开放、发展高价值服务业为重点，以探索深入合作发展国际前沿产业为战略，以培育潜力中小企业成长为己任的总体发展思路。在威海市《加快推动中韩自贸区地方经济合作第一批实施方案》中，重点推动旅游业合作先行先试、打造韩国商品交易集散平台、推动服务业重点领域深度开放合作等七大领域，服务业主要涉及医疗健康服务业、文化产业和旅游产业等韩国优势领域，同时规划建设中韩合作产业园、中韩现代服务产业园、中韩文化旅游产业园、中韩健康养老产业园、中韩综合保税物流园等特色园区。威海的成功实践将为中国辽东半岛、山东半岛沿岸城市开展对韩合作提供示范。

此外，中韩双方还有望尝试建立经贸合作特区，在韩国仁川、胶东半岛等双边经贸往来密切的区域建立经济合作特区，在服务业、制造业、港口等领域加强合作，促进两地双向投资持续增长，并尝试绿色循环低碳经济合作，带动形成新的优势产业领域。

四、加强中韩经济合作的若干建议

（一）多层次对接四大战略，提升中韩经济合作水平

在经济增速趋缓、经济结构转型升级的大背景下，中韩两国政府近年来分别推出多项经济增长计划，并在两国领导人的关注下签署了四大战略对接协议，包括中国“一带一路”同韩国“欧亚倡议”，中国“大众创业、万众创新”同韩国“创造型经济”，“中国制造 2025”同韩国“制造业革新 3.0”，以及中韩共同开拓第三方市场开展国际产能合作四个方面，将对确立新时期中韩经济合作重点领域具有引导作用，也将有利于促进两国贸易和投资，为两国企业进行深层次多领域的合作提供条件。

为有效对接四大战略，建议两国在政府、企业、社会等多个层面进行有效对接，形成合力。首先，两国政府作为制定政策的宏观主体，为两国企业间的交往建立良好的宏观环境，目前中国政府正在进行的多项政府管理体制和市场化改革举措对市场产生了积极影响。中韩两国还应促进形成稳定的东北亚局势，与东北亚各国建立深层次的经济联系。其次，作为经济发展的微观主体，中韩企业间应增进了解，加强合作，在今后的经济贸易交往中减少摩擦。最后，两国民众广泛开展文化交流活动，加深彼此的互信与理解，促进两国经贸关系的持续发展。

（二）加快服务贸易和投资协定谈判以提升中韩自贸区水平，并推动 RCEP、中日韩自贸区和 FTAAP 谈判

过去 30 多年，对外贸易是中国经济增长主要动力之一，确切讲是主要货物贸易，未来经济增长空间将很大来自服务贸易。相比中国此前参与的 FTA，中韩 FTA 水平最高，尤其是在服务贸易上采取“负面清单”模式，在投资协

定谈判上采取“准入前国民待遇”。在此基础上，中韩服务贸易和投资协定将有可能成为亚太地区水平最高的 FTA，所以有必要加快推进第二轮谈判。同时，中韩 FTA 的签署已经对中日韩自贸区的谈判起到了一定的推动作用。2015 年 11 月，三方宣布重启谈判。2016 年 6 月，中日韩自贸区第十轮谈判如期举行，三方均认为，建立中日韩自贸区有助于充分发挥三国间的产业互补性，挖掘提升三国贸易投资水平的潜力，促进区域价值链进一步融合，符合三国整体利益，有利于本地区的繁荣与发展。

建议中韩探索服务业双向开放模式、路径、政策措施，积极推动金融、旅游、教育、文化、医疗、商贸物流等行业开放，营造有利于各类投资者平等准入的市场营商环境，以服务贸易的深度合作，推动中韩自贸区上一个新台阶，为双方完成服务贸易和投资的负面清单谈判打好基础，并以此推动 RCEP、中日韩自贸区乃至 FTAAP 谈判的开展，提升两国在亚太地区 FTA 中的影响力。

（三）建立共同开发第三方市场合作机制，促进国际产能合作

为适应产业结构优化升级和对外贸易结构多元化的发展趋势，中国国务院在 2015 年 5 月发布了《关于推进国际产能和装备制造合作的指导意见》，将钢铁、有色、建材、铁路、电力、化工、轻纺、汽车、通信、工程机械、航空航天、船舶和海洋工程 13 个行业作为重点领域。由于受到近年来国际金融危机的影响，韩国钢铁、汽车、造船、电子、纺织等支柱产业发展也遇到困境，迫切需要寻找新兴市场消化过剩产能。鉴于彼此的共同需要，两国在 2015 年中国总理李克强访韩期间，确定了在中韩自由贸易协定框架下研究成立合作基金、积极开展第三方市场合作。

建议中韩双方以“一带一路”沿线国家为重点，充分利用韩国在全球 50 多个国家的 FTA 网络，采取政府推动、企业主导的原则，由政府合作制定开发第三方市场的双边行动计划，对两国企业在第三国合作投资提供政策激励，并围绕中国国际产能合作计划涉及的重点行业以及韩国优势行业，参考中国已经比较成熟的“两国双园”模式，用好中韩第三方市场开发合作基金，在相关国家合作投资建设产业园区，共同开发第三方市场，形成中韩合作开发“组合拳”。

（四）建立 PPP 政府间合作机制，提升中韩双向投资水平

PPP 是中国当前开展公共基础设施建设的重要模式，也是中国对于政府与市场关系重新定位的标志，或将成为吸引外资的新领域。PPP 模式的推广有利于提升公共产品和公共服务水平，有利于控制和防范地方政府债务风险，符合公共财政和政府治理的内在要求。由于 PPP 主要集中在公共服务领域，尤其是轨道交通、市政设施、生态环保、清洁能源、健康养老服务等，这些公共服务领域亟待包括私人资本、外商资本在内的更多社会资本的进入。由于 PPP 模式在中国刚刚兴起，在政府管理制度、市场接受程度以及风险防范等方面尚不成熟，需要借鉴国外经验，这也就为引入国际资本和先进经验提供了前提。

韩国在民间资本投资方面已经有 20 多年的发展经验，与日本、印尼等 6 个国家签订了相关合作协议，并且正在采取措施促进民间投资。因此，中韩双方可以尝试建立政府间 PPP 合作机制，将其作为中韩双方提升投资水平的突破口。中国可考虑引进韩国在 PPP 项目上的管理、融资和运营经验，以实现优势互补，带动企业合作，实现效率最大化。

王昌林，中国国家发展和改革委员会宏观经济研究院
常务副院长、研究员
刘旭，中国国家发展和改革委员会宏观经济研究院
科研管理部副主任、研究员
孙伟，中国国家发展和改革委员会宏观经济研究院
科研部国际交流处副处长、副研究员

参考文献

［1］郭锐，杨端程. FTA 时代的中韩战略合作伙伴关系发展：机遇、挑战与思路［J］. 当代韩国，2015（3）.

［2］韩爱勇. 中韩自贸区建设的多重意义理论视野［J］. 2015（7）.

［3］朴英爱. 中国“一带一路”与韩国“欧亚倡议”的战略对接探析［J］. 东北亚论坛，2016（1）.

[4] 朴胜赞. 中韩自贸区对中韩两国及企业的影响 [J]. 经营与管理，2015 (10).

[5] 张琳. 国际经贸新规则：中国自贸区的实践与探索 [J]. 世界经济与政治论坛，2015 (5).

[6] 周密. 加强中韩合作，由此进入更为广阔自贸空间 [J]. 中国经济周刊，2015 (22).

[7] 权小星. 中韩开启12万亿美元经济共同体 [N]. 第一财经日报，2016-1-5.

[8] 陈红娜，许宏强. 中韩自贸协定将产生多重共赢效应 [J]. 中国发展观察，2015 (6).

[9] 汤婧. 中韩自贸区背景下双边贸易趋势研究——化解困境、开拓发展 [J]. 国际经济合作，2015 (4).

中韩自贸协定未来发展方向

金荣贵

本文首先对中韩自贸协定的主要内容及其意义进行审视，再评估过去7个月期间达成的成就，并就目前在亚太地区热烈讨论的超级FTA关系，提出中韩两国FTA发展方向的设想。

一、中韩自贸协定主要谈判成果和意义

（一）中韩自贸协定主要内容

2015年12月20日，中韩自由贸易协定（FTA）正式生效。自此，中韩两国建交23年以后，再次把合作关系提升到了新的台阶。中国是占据全球整体贸易20%的第一大贸易国，也是经济规模列美国之后的世界第二大市场。

这次签署的中韩自贸协定由22个章节组成，足以显示中韩自贸协定最为全面的领域范围。商品方面有货物贸易、原产地规则、海关程序和贸易便利化、贸易救济、卫生检疫（SPS）、技术性贸易壁垒（TBT）6个章节；服务与投资方面有服务、通信、金融、自然人流动、投资5个章节；规范和合作方面有知识产权、竞争政策、透明度、环境、电子商务、经济合作6个章节；总则方面有最初规定、透明度、例外、最终规定、解决争端5个章节。总体上相对中国之前签署的所有自贸协定章节内容最多、最广泛，最大特点是首次以独立章节收录了金融、通信等方面内容。

贸易自由化是判断中韩自贸协定整体水平的标尺。自由化率指协定生效以后取消关税即零关税的品种占比。中韩自贸协定的商品贸易自由化率中国为91%，韩国为92%，与韩国曾经签署过的自贸协定水平相近（见表1），从关税取消期限长达20年来看，这个数据仍处于较低水平。但是考虑到两国贸易增长速度和品种以及结构变动速度，如果自由化率过高，其副作用下产生的损

失也会很大。如要符合已签署自贸协定的自由化率目标，就不得不扩大韩国境内农产品开放幅度，这在韩国境内推行过程中可能会引发相当大的矛盾。由此来看，这次的开放水平可以认为是针对风险最小化的较合理水平。

表 1　中韩自贸协定自由化率

国　　家	关税取消期限	品种数量标准	进口额标准
中国	10 年	71%（5846 种）	66%（1104 亿美元）
	20 年	91%（7428 种）	85%（1417 亿美元）
韩国	10 年	79%（9690 种）	77%（623 亿美元）
	20 年	92%（11272 种）	91%（736 亿美元）

原产地规则包括对低于 700 美元的原产货物免交原产地证书、可事后申请优惠关税的规定等方便企业的内容。通关方面明文规定全国范围内保障缔约国关税法令的稳定、一致实施相关措施，解决了过去不同通关地区和负责人出现不同解释和应用法令的问题。关于商品出口，包含电子文档提交或 48 小时以内通关放行、简化快运货物程序等，有效缩短通关时间的措施。

关于争端解决，纳入了建立双方保障制度但防止滥用的条款，并明确规定了如果采取反倾销措施，应在调查开始前七天向对方发出通知，并通过价格承诺和双方谈判，尽最大努力防止采取最终措施，以免变质成贸易报复手段。尤其是设立单独讨论渠道，即贸易救济委员会，提供了通过协议解决问题的机遇，从这点来看，我们认为解决两国贸易相关问题的制度性机制已经建立和健全。

卫生检疫（SPS）在 WTO 水平上达成协议，考虑到特定地区一旦发生疫情可能导致所有中国产货物被限制进口的现实，中国提出了纳入区域化条款的要求，而韩国农业行业对此表示了忧虑。此次区域化条款没有列入协定。

关于技术性贸易壁垒，协定纳入了相互认可试验报告或检查等相关产品（电气服务器、汽车部件）启动谈判或在申请许可过程中赋予本国国民待遇（化妆品、医药品）等内容，以解决韩国企业为进入中国市场获取认证或通过检查所需时间的问题。

目前来看，服务、投资领域的关键在于后续谈判。此次两国自贸协定只涉及法律、建筑、建设、流通、娱乐等部分服务领域的开放，负面清单模式的服务开放或投资自由化将在后续谈判中进一步洽谈。因为投资自由化首先需要在中国境内完善法律和制度，后续谈判定在本次协定生效后 2 年内启动，并于 2 年内完成。法律、自然人流动、环境、通信等领域的开放，对已进入中国市场的韩国企业将是一次新的发展机遇。尤其是文化旅游行业的韩国企业，可以期待韩流热潮带来的丰硕成果。通过此次谈判，娱乐领域允许韩国企业持股 49%，同时附件规定了电影和电视剧等的联合制作相关内容。且韩国允许开展中国人出境旅游业务，打破了过去只允许美国、日本、德国旅行社的局限，今后将会更方便吸引中国人出境旅游。

通过此次谈判，韩国建筑和工程、建设领域业绩获得了认可，这将有利于打入中国建设市场以及政府采购建设服务领域。关于投资，协定纳入了 ISD（投资人-国家争端）等保护投资人相关内容，规定中国政府按照中央、省级单位指定负责机构（Contact Points）以解决进入中国境内的韩国企业面临的困难和问题，首次允许常驻中国人员的 2 年居留期限以及扩大发放多次有效签证范围等，改善了中国境内投资条件。

（二）中韩自贸协定的意义

一是提高对快速增长的巨大中国市场的实际对接，这将成为推动韩国经济的全新增长动力，赋予中小企业更多打入海外市场的机遇。过去十余年，中韩两国的相互依存度有了快速增长，并已趋于稳定。中国是韩国的第一大贸易伙伴，而韩国是中国的第四大贸易伙伴。整个贸易和经济关系不断深化，但两国贸易比重处于停滞状态，特别是原与中国处在竞争关系的台湾 2010 年与中国签署海峡两岸经济合作框架协议（ECFA）以后，进一步加深了韩国在中国境内市场占比不断下滑的危机。目前韩国对华贸易中，加工贸易占比 50%左右，中国且同样就出口用中间产品实行关税退税制度，因此中韩 FTA 对出口美国或欧盟的中间产品贸易产生的影响是有限的。中国从其地理位置上是韩国一衣带水的邻邦，且收入水平在不断提高，以此次自贸协定的生效为契机，两国将会进一步改善对相互市场的实际对接，为具备竞争力的中小企业提供更多进入出口市场的机遇。

二是提供了重组两国之间已形成的竞争与协作结构的机遇。目前两国产业内贸易活跃、加工贸易占比高，韩国实际对华依存度比贸易统计数据更低。两国产业内贸易主要形态是韩国中间产品出口至中国，经加工和组装后再出口到美国或欧盟等第三国家。目前，中韩两国技术差距不断拉近，以附加价值测算的对华贸易收支远低于总额标准。以附加价值标准测算韩国对华贸易收支的数据虽然仍处于盈利状态，但仅占通关标准总额的 20%左右。且中国与韩国的技术差距日益缩小，中国本地企业对韩国进口材料的依存度逐渐下滑。中国劳务费的上升及与韩国技术差距的拉近，表示当前两国的分工结构将很难维续，同时两国在世界市场的无序竞争可能会愈演愈烈。因此，通过进一步搞活两国之间一般贸易，可将 FTA 作为依据比较优势进行合作结构重组、对无序竞争产业进行有效结构调整的契机。

三是两国在服务业和投资方面可形成更加紧密、牢固的经济关系。打入中国高附加值服务行业市场必须进行对华投资。目前两国投资关系与贸易相比仍然较低。以 2012 年为基准，中国在韩国的海外投资中占据的比重为 14.3%，而在所有外国人投资中，中国占比仅为 4.5%。韩国已进入中国市场的企业较多，但仍面临诸多困难和问题，而较为乐观的是，这次着重研究了针对已进入或即将进入的韩国企业的条件改善问题。中国对韩国的吸引力之一就是地理位置相近，且有丰富的已克服语言障碍的在中同胞资源。过去韩国处于被动的服务行业，以进军海外为契机可实现规模经济，并通过竞争提高生产效率，而中国也可通过服务业的开放实现顽疾问题的改革。

四是中韩两国在制度上形成了纽带。中韩一直在经济交流上有紧密协作，但是软基础设施仍觉欠缺。中韩 FTA 生效以后，设立了部长级联合委员会和各领域委员会，为中小企业和地方合作等经济协作提供了进一步讨论空间，为两国更好地沟通和合作配备软基础设施也是一大意义。

五是自中韩自贸协定生效以后，韩国完成了继美国、欧盟以及东盟之后与另一巨大经济圈的 FTA 网络构建，不但提高了与 FTA 缔约国的贸易比重，保障了巨大的市场，还有望让外国人利用 FTA 网络进一步扩大投资。

另外，以东亚为中心的超级 FTA 讨论近来正在火热进行，在超级 FTA 谈判过程中，中韩自贸协定将为提高两国谈判力做出积极贡献。美国主导的 TPP 谈判已正式签署并在落实生效前的国内程序，该地区正在积极开展 RCEP 和中日韩自贸协定谈判。韩国也在为加入 TPP 不断探路，而短期内较难加入 TPP 的中国，正在集中精力开展 FTAAP 或 AIIB 等应对方案。站在韩国角度来看，中韩自贸协定的生效不仅减轻了 TPP 生效后带来的负担，还为 RCEP 或中日韩 FTA 谈判提供了一个平台，让韩国可以站在更有利的高地上开展谈判。

作为当前世界唯一留存的分裂国家，中韩自贸协定对韩国来说可能会是稳定东北亚和平的一个安全装置。因为中韩自贸协定认可包括开城工业区在内的域外加工地区生产产品的原产地地位，长期而言可促进朝鲜的开放。中国对朝鲜有着较大影响力，而扩大与中国的经济交流，将为朝鲜半岛的和平与稳定做出新的贡献。

二、中韩 FTA 成果和局限评估

（一）成果

现在评价中韩 FTA 效果为时尚早，我们可以在贸易额变化基础上做一个大概了解。首先，2016 年 5 月止韩国累计总出口额达 1964 亿美元，进口额达 1586 亿美元，相同时期的对华进出口额分别为 481 亿美元和 344 亿美元。

2015 年韩国在油价下跌和中国经济增长趋缓形势下，总贸易额整体下滑，很难期待中韩 FTA 带动贸易额。因此，我们按月就对华进出口额占韩国整体进出口额的比重进行了对比。如图 1 所示，中国在韩国进口市场的占比呈缓慢上升趋势，而在出口市场的占比呈下滑趋缓后又出现了反弹。

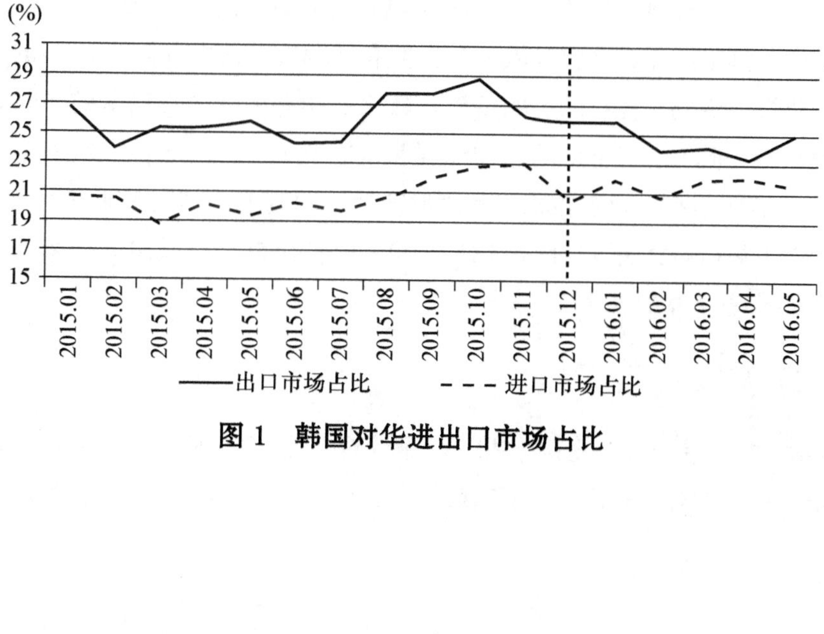

图 1　韩国对华进出口市场占比

对比在中国市场中韩国和其他主要国家和地区的占比，韩国占比与中韩 FTA 生效以前的 2014 年相比略有提升，相同时期的日本、美国、台湾等地同时出现了类似趋势。

表 2　中国进口市场占比变化（%）

国家或地区	2011 年	2012 年	2013 年	2014 年	2015 年	2016 年 1—5 月
韩国	9.3	9.2	9.2	9.7	10.9	10.7
日本	11.2	9.8	8.2	8.3	8.9	9.4
美国	6.8	7.0	7.4	7.8	9.0	9.0
台湾	7.2	7.3	7.7	7.8	9.0	8.8
德国	5.3	5.1	4.8	5.3	5.5	6.0
澳洲	4.6	4.3	4.7	4.6	4.1	3.9
马来西亚	3.6	3.2	3.0	2.8	3.3	3.1

仅从贸易趋势或市场占比看，中韩 FTA 带动和搞活两国交流仍需时间，但从申请发放原产地证明以获得 FTA 优惠关税的需求剧增来看，通过 FTA 进一步扩大贸易值得期待。据机构证明主体的大韩商会称，2015 年 12 月开展中韩自贸协定原产地证明业务以来，到 2016 年 5 月底共计发放了 31488 件（规模达 4 兆韩元）。5 月份中韩自贸协定原产地证明共计发放了 7835 件，与年初对比翻了一番，发放金额达 9100 亿韩元，相对年初增长了 37%。

从行业划分来看，中韩 FTA 最受惠行业，即化学、机械、耗材、钢铁、电气电子、汽车部件，这些领域发放件数有所增长，其中占整体 54%的三大品种，即化学、机械、耗材的证明发放件数比年初有了近 2 倍以上的增长。从金额规模来看，低于 1 亿韩元的原产地证明发放申请有 23543 件，约占整体申请的 75%，表明中小企业正在积极利用原产地证明制度；其次是 1 亿韩元以上 5 亿韩元以下规模，共有 6784 件（21.4%）；每件出口金额超出 5 亿韩元的共有 1191 件，仅占整体的 3.7%

（二）局限

局限之一，就 FTA 先例来看，很难针对中韩 FTA 原产地证明的事后验证申请做出充分应对。韩欧 FTA 和韩美 FTA 均于生效第二年开始事后验证剧增，因此预计中韩 FTA 的原产地事后验证申请将从 2016 年开始有所增加。前面已经有很多中小企业拿到了原产地证明，而经常缺乏人手的中小企业能否充分应对原产地事后验证，可能会面临很多困难。

局限之二是企业切身体会的非关税贸易壁垒仍然较高。比如，中国对 IT 产品必不可少的锂离子电池引进了新的安全标准。今后锂离子电池需要通过高温使用安全测试和洗涤安全测试，而这些在国际标准中并没有要求。特别是近来很多电池采用与产品一体化形式，对 IT 产品出口也会产生影响，考虑到新认证通常需要 6 个月左右，时间并不充裕。而原来预期出口增长的化妆品，申请卫生许可需要一年以上时间，无法跟进市场及时推出新产品，这对新鲜度和流行时尚即生命的化妆品而言打击着实不小。根据韩国企业诉求困难的非关税贸易壁垒汇总资料来看，中国非关税贸易壁垒高达 54%，共计 48 项中有 26 项存在壁垒（见表 3）。韩国仍将继续与中国就解决非关税壁垒进行洽谈，为中韩自贸协定的健康发展积极协作。

表 3　主要国家非关税壁垒情况

国家	合计	TBT	投资	SPS	通关	出口管制	政府采购	金融/税制	价格管制	补贴	知识产权	进口许可	数量限制	其他
中国	26	8	1	4	4	0	1	2	0	2	1	1	0	2
印度尼西亚	5	0	2	1	0	1	0	0	0	0	0	0	0	1
日本	4	0	0	1	0	0	0	0	0	0	0	0	1	2
美国	3	1	0	1	1	0	0	0	0	0	0	0	0	0
缅甸	2	0	1	0	1	0	0	0	0	0	0	0	0	0
越南	2	0	1	0	1	0	0	0	0	0	0	0	0	0
印度	2	1	0	0	1	0	0	0	0	0	0	0	0	0
土耳其	1	0	1	0	0	0	0	0	0	0	0	0	0	0
保加利亚	1	0	0	0	0	0	0	0	0	1	0	0	0	0
菲律宾	1	0	1	0	0	0	0	0	0	0	0	0	0	0
俄罗斯	1	0	0	0	1	0	0	0	0	0	0	0	0	0
合计	48	10	7	7	9	1	1	2	0	3	1	1	1	5

三、亚太地区超级 FTA

（一）超级 FTA 登台背景

按照不同时期划分全球贸易商务环境变化，20 世纪 90 年代是以 WTO 为主的多边主义，2000 年后转入 FTA 为主的双边主义，而 2010 年以后则是超级 FTA 的大区域主义。以 WTO 协定为基础的区域贸易协定（Regional Trade Agreement，RTA）依其整合阶段划分为 FTA、关税同盟、共同市场、单一市场，① 超级 FTA 指大规模经济圈之间的 FTA 或多个国家参与的 FTA 的统称。TPP、RCEP 和跨大西洋贸易与投资伙伴协议（Transatlantic Trade and Investment Partnership，TTIP）② 等可以说是最具代表性的超级 FTA。进入 2010 年代以后，在超级 FTA 引起热烈探讨的背景下，我们注意到下面两种情况。

第一是 WTO 推行的 DDA 谈判陷入僵局。1995 年在乌拉圭回合（Uruguay Round，UR）达成一致后成立的 WTO 是多边主义的象征，尤其是争端解决作为保障 WTO 协定履行的手段至今仍然有效。但是，2001 年在卡塔尔首都多哈进行的 DDA 谈判因发达国家和发展中国家尖锐对立，出台至今 15 年时间仍未达成最终协议，也没能就其未来方向达成共识。多哈回合谈判陷入停滞后，双边 FTA 在有共同相互利害关系的贸易国之间快速发展。双边 FTA 优惠条件中排除了域外国家，开始追求相对利益。但是 2000 年代以后双边 FTA 蓬勃兴起，③ 排除导致利润越来越少，而每个 FTA 都有不同的原产地规定又导致满足原产地规定的费用不断增加，甚至出现了多个 FTA 之间规定相互冲突的情况。④ 另外，WTO 协定书属 1994 年达成的乌拉圭回合谈判结果，多哈回合谈判于 2001 年启动，贸易环境出现了诸多变化，新的贸易摩擦不断涌现，而这些问题仅用双边 FTA 标准规定，很难

---

① http://www.fta.go.kr/main/situation/fta/term/.

② 美国与欧盟之间的 FTA。

③ 截至 2015 年 11 月，已有 404 项区域贸易协定生效。

④ 这种错综复杂的情况被比喻为意大利面碗效应（Spaghetti Bowl Effect）。

进一步发展到域外国家。针对竞争、环境、劳动等新的贸易焦点制订相关标准，追求 FTA 之间和谐发展已成为迫切需要，从而推动了超级 FTA 的热烈讨论。

第二是全球价值链的发展（Global Value Chain，GVC）①。全球价值链指产品和服务从最初构思到生产、销售过程跨国完成的现象。价值创造跨国完成，用于最终生产产品投入的部件等中间材料也要跨国移动，每次都会遇到各国贸易壁垒而增加费用，贸易壁垒高，会加剧对价值链的负面影响。因此，形成价值链的国家之间自然有必要降低贸易壁垒。进口中间材料的技术标准或生产设施投资规范等生产网络相关制度的和谐透明也作为重要贸易议题搬到了桌面上。跨国形成的全球价值链，需要多个国家参与协商，这也是推动超级 FTA 热烈讨论的一大背景。

（二）RCEP 谈判动态和前景

目前，韩国参与的超级 FTA 有 RCEP（区域全面经济伙伴关系，Regional Comprehensive Economic Parthership）。2015 年 10 月 5 日亚太地区超级 FTA 之一的 TPP 达成实质性协议，在相同地区协商的 RCEP 也迎来新局面。

2000 年代初期，在东亚地区启动经济合作时，RCEP 开始启动。当时以 ASEAN＋3（东盟＋中日韩）为中心的东亚自由贸易区（East Asia Free Trade Area，EAFTA）和以 ASEAN＋6（中日韩、澳洲、新西兰、印度）为中心的东亚全面经济伙伴关系（Comprehensive Economic Partnership for East Asia，CEPEA）也开始磋商。EAFTA 于 2004 年在中国提议下开始研究，韩国曾经负责过第二期 EAFTA 研究。针对 CEPEA 的联合研究在日本主导下于 2007 年开始由“ASEAN＋6”各国专家参与进行。两份研究成果于 2009 年 8 月各自在“ASEAN＋3”经济部长会议和“ASEAN＋6”经济部长会议上进行了汇报。此后的 2011 年 11 月，ASEAN 采纳了两份讨论协议案，组建了东盟区域全面经济伙伴关系框架（The ASEAN Framework for Regional Comprehensive Economic Partnership，RCEP）。也就是说，RCEP 以东盟 10 国和与东盟已签

① 过去也有过跨国完成生产的现象（国际生产分工），近来已经不再局限于生产过程，而是从策划到流通的跨国完成打造价值过程，对此类现象进行全新定义的 GVC 研究正在活跃开展。

署FTA的6国参与形式启动，其目的是在东盟中心地位（Centrality）基础上配备可牵制FTA的替代手段。东盟就RCEP提出以下方案：① 达成比东盟已签署的FTA水平更高的全面、互惠协定；[①] ②纳入允许与东盟签署FTA的国家参与的开放性加入条款；③ 包括顺利开展贸易、投资的可实现协作领域；[②] ④为东盟最不发达国家（柬埔寨、老挝、缅甸、越南，即CLMV）提供优惠措施；⑤提出保持与WTO协定的一致性等原则，表明了为推动东亚地区FTA发挥主导作用的决心。[③]

2012年11月，以东亚领导人系列会议为契机，达成了开始谈判的宣言。当时采纳了为今后谈判制订的RCEP指导原则（Guiding Principle），该指导原则指出，谈判范围包括①商品；②服务；③投资；④经济技术合作（电子商务）；⑤知识产权；⑥竞争；⑦解决争端；⑧其他问题等内容，2013年启动并于2015年完成，最终正式谈判（第10次谈判，2015年9月）将在韩国举行。2013年5月至今已经举行了10次正式谈判和3次部长会议。当时目标定在2015年年底前完成谈判，但2015年11月22日，参加RECP的16国首脑采纳了谈判时限延长一年的联合声明。

从目前的谈判结果来看，首先在商品领域达成了关于第一轮关税减让模式的协议。在服务和投资领域就自由化模式达成共识，持续就协定包含要素开展讨论，同时设立了关于金融服务和通信服务方面的工作小组。在规范和合作领域设立5个工作组（竞争、知识产权、经济技术使用、法律制度、电子商务）和5个工作小组（原产地、通关、检疫措施、STRACAP[④]），重点讨论列入各领域协定的主要要素。尤其是2015年10月，在釜山进行的第10次谈判启动了会员国之间的“实质性市场准入谈判”，标志着RCEP谈判已进入实质性新阶段。[⑤]

---

① The purpose is to achieve a comprehensive and mutually beneficial economic partnership agreement. This agreement shall involve broader and deeper engagement with significant improvements over existing ASEAN FTAs with Dialogue Partners

② The agreement shall have an open accession clause to enable participation of any of the ASEAN FTA partners.

③ 金荣贵：农业、农村面临的新挑战和未来前景，农业展望，2014。

④ STRACAP：Standard，Technical Regulations and Conformity Assessment Procedures（标准、技术规定、符合性评估程序）。

⑤ 医疗器械时事经纬（2015.11.18.）. 对抗TPP的RCEP 금혜윤（2015.2），携手FTA vol 33。

市场准入谈判于原计划完成谈判的2015年底才予启动，这说明RCEP谈判进展速度较为缓慢，不仅因为参与谈判的国家数量多，而且在各国经济规模、发展水平、开放程度各异的情况下，要在不同领域的市场自由化原则上达成共识，的确需要较长时间。协议达成从2015年底延长到了2016年，2016年将会正式推动RCEP谈判。但是，实际关税减让谈判过程中需要考虑各国差距同时还要以一揽子方案解决，但是目前日本或中国等核心国家意见差距仍然较大，能否达成反映所有成员国意见的减让方案，还有待继续关注。

（三）TPP谈判进程与前景分析

TPP目的是亚太区域经济一体化，以2005年6月新西兰、新加坡、智利、文莱等四国签署的跨太平洋战略经济伙伴关系协定（Trans-Pacific Strategic Economic Partnership Agreement，P4）为基础。如今成员国已经扩大到12个国家，这些新加入国家依序是美国、澳洲、秘鲁、越南（2008）、马来西亚（2010）、加拿大、墨西哥（2012）和日本（2013）。

美国作为谈判主导国，希望通过参与TPP在快速增长的亚洲市场提高准入性，克服亚洲内区域主义以及FTA逐渐扩散和蔓延下被排除在外而可能造成的经济损失。同时，为牵制影响力在东亚逐渐膨胀的中国、扮演好平衡者角色，打算配备从制度方面能够衔接美国和亚洲的机制。全球危机以来，美国一直处于经济低迷状态，美元实际利率处于极低水平，货币政策定位不稳定，不适宜的财政政策也导致美国如同站在财政悬崖边上。为了打破国内增长动力扩张局限，美国才开始把眼光转向对外政策。同时，在多哈回合谈判受阻情况下，为应对多边体制的不断削弱，美国也试图重新构建和主宰发达国家为主的贸易秩序。

TPP的谈判目标是制订世界贸易新规范和标准，建立包含应对下一代贸易摩擦在内的具有21世纪里程碑意义的贸易协定；取消商品、服务、投资相关关税和其他壁垒，在所有领域走向全面、高水准的市场准入（Comprehensive Market Access），兼顾TPP域内成员国之间生产与供应网络发展的完整区域贸易协定（A Fully Regional Agreement）；为面对共同（Cross-Cutting）贸易摩擦，实现监管协调搞活域内贸易、提高竞争力、通过贸易便利化促进域内经济一体化、提高中小企业FTA利用率、认识成员国之间发展差距和扶持适当水平的能力开发以及灵活执行。TPP关于贸易摩擦谈判的最大特点是包含了最近出现在国际贸易中的数字经济和绿色技术等贸易摩擦。TPP谈判以双边方式作为基本原则，而共识基于包含所有重要贸易与贸易相关领域的一揽子解决方式。①。

参与谈判的12个国家，其经济发展水平和开放程度均有不同，且针对不同贸易对象国的敏感品种也不同，在追求完整自由贸易或一揽子解决原则下达成共识可谓举步维艰，比如市场准入方面，美国提出开放越南的纺织品和服装、澳洲的白糖、新西兰的乳制品市场，而日本又提出大米、乳制品、白糖、小麦、牛肉等五大敏感品种，两国因此有过对立僵局。②

主要争论焦点的意见差距没有拉近，主导谈判的美国没有获得议会贸易促进授权（Trade Promotion Authority，TPA）③，人们开始对TPP达成协议表示疑虑重重时，2015年6月，奥巴马政府终于从议会获得TPA，开始加快了TPP谈判的步伐。备受期待的2015年7月夏威夷TPP部长级会议取得了很大进展，但是在知识产权、乳制品市场准入、汽车原产地规则等三大争论焦点上，各国意见对立，未能达成协议。2015年9月底召开的部长级会议上，经过一而再再而三延长的持久谈判，TPP终于在2015年10月5日完成谈判，11月初正式公开协定文本④。

如前所述，TPP谈判目标是制订世界贸易的新规范和标准，建立包含应对下一代贸易摩擦在内的具有21世纪里程碑意义的贸易协定。TPP协定共由30个章节和附件组成，包含取消商品、服务、投资相关关税和其他壁垒，在所有领域走向全面、高水准的市场准入，以及电子商务、通信、政府采购、劳动、竞争、监管协调等内容。

---

① 金荣贵：农业、农村面临的新挑战和未来前景，农业展望，2014。

② 韩联社：什么是TPP谈判——世界最大“超级FTA”。

③ 贸易促进授权（TPA）：《美国联邦宪法》第1条第8节（3）赋予联邦议会与外国的贸易管制权，美国议会可以授权总统广泛国际贸易谈判权限。如果政府获得TPA，议会只能就政府谈判结果在一定期限内进行批准或否决，不能对协定内容进行修改。강민지（2015.9.17.）引自“亚太地区经济一体化讨论的现状与启示”。

④ https://ustr.gov/trade-agreements/free-trade-agreements/trans-pacific-partnership/TPP-Full-Text.

表 4　TPP 协定各章内容

序号	标　题	序号	标　题
1	初始条款与总定义	16	竞争政策
2	商品国民待遇及市场准入	17	国有企业和指定垄断企业
3	原产地规则	18	知识产权
4	纺织与服装	19	劳工
5	海关管理与贸易便利化	20	环境
6	贸易救济	21	合作与能力建设
7	卫生与植物卫生措施	22	竞争力与商务便利
8	技术性贸易壁垒	23	开发
9	投资	24	中小企业
10	跨境服务贸易	25	监管协调
11	金融服务	26	透明度和反腐败
12	商务人员临时入境	27	行政与制度规定
13	电信	28	解决争端
14	电子商务	29	例外
15	政府采购	30	最终规定

从商品关税减让程度来看，TPP 在品种方面实现了取消 95%—100%关税的市场高度开放，工业品除澳洲和墨西哥以外的 10 国就 100%取消关税达成了共识，① 最初设定的无例外取消关税目标因涉及各国敏感性问题而未能实现。关税减让方案包括单一或个别关税减让，含有不同国家线性减让、非线性减让以及关税配额（Tariff-Rate Quota，TRQ）等各种减让类型。韩国敏感产业之一的农业，因日本主张所谓五大禁区②，19%的农产品被认可作为例外。

作为最受关注的贸易规范，在过去双边 FTA 摩擦基础上，TPP 又包含互联网、数字经济、国有企业、中小企业等新浮上水面的贸易摩擦和前沿摩擦。TPP 规则与个别商品的关税减让不同，呈共同减让形式，仅在必要时允许不同国家的例外情况。此外，联合声明（Joint Declaration）还涉及各国干预汇率的相关内容。

① 澳洲以 99.8%、墨西哥以 99.6%达成关税取消协议。

② 大米、牛肉和猪肉、小麦和大麦、乳制品、白糖（蔗糖）。

表 5　TPP 协定各领域主要内容

领　域	主要内容
原产地	相同品种应用单一原产地规则
	累积规则：将 TPP 各缔约方的生产投入、原材料、工序等纳入统一制定的识别系统，以此“累积制”标准执行 TPP 区域内产品“一视同仁”的原产地规则
贸易便利化	加强贸易便利化、提高海关程序的便捷化和透明度、保障关税执法的统合
卫生与检疫（SPS）	基于透明、科学的 SPS 措施
	为了快速解决缔约方之间出现的关于 SPS 的相关问题，各方同意在政府间建立磋商机制（CTC，Cooperative Technical Consultations）
技术壁垒	为了方便 TPP 市场的准入，就接受其他 TPP 缔约国合规评价机构的结果达成共识，在技术规则的出台及生效之间留出合理的时间空当，以便有足够时间满足这些新要求
	TPP 协议还包含了七个特定行业监管的附录，这些行业包括化妆品、医疗器材和药品、信息和通信产品、红酒和蒸馏酒、预包装食品和食品添加剂的专利配方以及有机农产品
贸易救济	在进口增加、价格不公正、补贴惯例等情况下，为保护国内产业可以采取过渡性保障措施
投资	除现在保留和未来保留以外，开放本国市场的负面清单方式。包括赋予国民待遇（NT）、最惠国待遇（MFN）、履行条件（PR）以及对高层管理者和董事会不引进限制国籍措施的义务、提供最低标准待遇等投资保护内容
跨境贸易和服务	规定 NT、MFN、市场准入、当前常驻等相关内容
	除现在保留和未来保留以外，以负面清单方式开放
	相关附录包括认可执照、专业服务、特快专递服务等内容
金融服务	除现在保留和未来保留以外，以负面清单方式开放
	包括运用有价证券、电子支付卡服务、数据处理服务中的信息传输等具体承诺
	还包括一项审慎例外等的例外
临时入境	确保方便利用有关临时入境条件的信息
	继续在签证程序等方面进行合作
	附录收录临时入境相关承诺
电信	规定了防止电信领域主导企业获得交叉补贴，禁止转售相关不合理或歧视性限制、允许相互接入、提供专用线路服务等义务
电子商务	电子商务领域放宽不必要的国内限制，规定缔约国义务以促进国家之间数据交易

续表

领　域	主要内容
政府采购	制订规范，以增进 TPP 缔约国之间相关市场的自由化、增加相互贸易机遇
	在附录自由进口商品清单中就政府采购机构与活动达成协议
竞争政策	构建公平公正市场竞争基础以及为增进消费者社会福利保持竞争法体制
	不受 TPP 争端解决条款的影响，可协商
国有企业和指定性垄断企业	向国有企业提供非商业性帮助的方式，对其他 TPP 缔约方的利益造成负面影响的，对方国家可提出异议。证实该负面影响或产业损失且在争端解决程序中胜诉的，可以限制政府支援
	国家与全球经济紧急状态下例外，认可附录中各国例外清单所规定的例外
知识产权	主要涉及专利、商标、著作权、工业设计、地理标志、营业机密、执行、合作等内容
	整体与韩美 FTA 类似
劳工	ILO 声明各缔约国在国内法令中采纳、维续主要劳动基本权利，不得以影响贸易和投资的方式应用和执行基本劳动权利相关国内法
环境	为保护海洋环境，禁止对非法渔业（IUU；Illegal，Unreported，and Unregulated fishing）的补贴，过量捕获状态且对渔业资源产生负面影响的水产补贴
汇率（联合声明）	遏制低估本国货币价值以图有利于出口的行为，向 TPP 成员国公开干预汇率情况，参与 IMF 外汇储备持仓统计
	每年召开一次以上高层洽谈会，讨论域内经济课题

资料来源：由 KIEP 在 USTR 网站分科协定概要以及联合声明基础上进行整理。

据 TPP 协定第 30.5 条规定，TPP 协定将在所有缔约国完成国内法律审批程序的 60 天以后生效，但也包括一条规定，签署协定后 2 年内所有缔约国未能完成国内法律审批程序，而占缔约国总体 GDP 85％以上的 6 个以上缔约国完成审批程序的，协定仅限完成审批的国家于 2 年零 60 天以后生效。部分缔约国优先生效的，其余国家可在完成国内审批程序后，经 TPP 协定第 27.1 条设立的 TPP 委员会（TPP Commission）决策追加生效。为满足占所有缔约国 85％ GDP 的标准，就要求必须有美国和日本加入。① 目前预计可能于 2017 年或 2018 年生效，但从美国总统候选人对 TPP 的立场来看，这一预期可能会被

① 美国占缔约国所有 GDP 的 60.49％，日本占 17.67％，如果排除两国则无法满足 85％的标准。

推迟。

关于未来其他非缔约国的加入，第30.4条1项做了规定。即，经APEC成员国①或缔约国同意的国家或关税区（Separate Customs Territory）已做好遵守协定规定义务的准备工作，在加入缔约国和原有成员国各自法律程序完成以及审批后可以加入。希望优先加入的国家提交申请后，TPP委员会组织加入条款的工作组洽谈。以工作组结论为依据，委员会以接受审批条款的条件决策其加入TPP，缔约国没有反对意见即通过该决策。

目前表示有兴趣加入TPP的国家和地区有韩国、台湾、泰国、印度尼西亚、哥伦比亚、菲律宾等。中国作为亚太地区主要国家对TPP立场积极，但加入的可能性仍然很低。据了解，这是因为中国在短期内还很难接受国有企业、知识产权、劳动、环境、汇率等的TPP规范标准。

2013年，韩国已经开始对加入TPP表示关注。在日本加入TPP以前，韩国认为已经与美国签署双边FTA，因此加入TPP无论实惠还是负担都不会太大，也有人指出应该把优先顺序放在与中国的双边FTA上。但自从日本加入TPP以后，TPP性质有了很大改变，从过去美国主导的区域经济一体化转变重组为以发达国家为主的新的贸易秩序。韩国对外开放度较高，如果不参与新的贸易规范的制订，可能会对自身相当不利。美国和欧盟之间谈论的TTIP、日本与欧盟的FTA都在支持上述以发达国家为主的贸易规范将会加快步伐的预测，韩国也处于需要认真探讨是否加入TPP的境遇。2013年11月29日，通过对外经济部长会议对国内外表明关注TPP以来，韩国持续开展了对外参与TPP谈判成员国的预备双边协议、对内开展加入TPP的影响分析以及积极听取履约相关人士意见等工作。2015年10月16日，在以韩美峰会为契机发布的“关于韩美关系的联合情况说明”中，美国表示“欢迎韩国对TPP的关注”。我们认为，未来加入TPP的友好氛围已经开始形成。

（四）发展方向

韩国已经签署一系列双边FTA，是否有必要加入超级FTA，对此专家们

① 亚太经济合作组织（Asia-Pacific Economic Cooperation，APEC）除韩国外，还包括新西兰、台湾、俄罗斯、马来西亚、墨西哥、美国、越南、文莱、新加坡、印度尼西亚、日本、中国、智利、加拿大、泰国、巴布亚新几内亚、秘鲁、菲律宾、澳大利亚、香港共21个国家和地区。

各持己见。截至 2015 年 12 月 30 日，韩国已经生效 14 项 FTA，其中包括美国、欧盟、东盟、中国等几乎所有巨大经济体，可以说是名副其实的 FTA 中心国家。参与 RCEP 的 16 国中，除了日本以外，韩国与其余国家均有签署 FTA，在 TPP 缔约国中除了日本和墨西哥以外的 10 国均与韩国签署了 FTA。如果仅着眼于市场准入，可以说双边 FTA 优于超级 FTA。双边 FTA 可以根据不同对象国的敏感问题组成差异化关税减让方案，而超级 FTA 则限制了此类灵活性，在内部谈判过程中势必会面临各种矛盾。但是，超级 FTA 的原产地一般规定和域内附加价值累积原产地规定，在有效利用全球价值链和提高对象国市场准入方面胜过双边 FTA。尤其是双边 FTA 对新贸易摩擦的协商只限于相互认可，而超级 FTA 的协商结果经网络效应可发展成为全球秩序。多个国家接受一个标准，那么与这些国家交易的其他国家也会接受相同标准，最终发展成为多数支持的标准。如前所述，在 WTO 不能发挥正常作用情况下新的贸易摩擦不断涌现，因此参与超级 FTA 的国际协商，以反映韩国对类似贸易摩擦的立场并探讨是否接受该类标准是非常必要的。

中韩两国后续还要开展服务与投资方面谈判，后续谈判的目标是通过更高水平的服务与投资市场开放，保持更加紧密的经济关系，取消各国境内限制等，这将会是改革国际制度以提高竞争力的一次机遇。目前，两国还未能同时加入 TPP，而中日韩 FTA 和 RCEP 的超级 FTA 谈判仍在继续。TPP 的重点在于以发达国家为中心重组贸易秩序，而中日韩和 RCEP 更适于有效利用东亚地区发达的价值链以及在不同经济发展阶段国家之间形成经济合作模式。因此，从为 RCEP 或中日韩 FTA 谈判提供平台的角度出发，我们可以考虑进一步参与。

金荣贵，韩国对外经济政策研究院组长

中韩 FTA 发展方向研究

李大伟

作为中国所签署的经济规模最大、水平最高的双边自由贸易协定，中韩 FTA 在中国的高标准自由贸易区战略中具有重要意义。未来应参考当前亚太地区 FTA 的发展趋势，进一步提升中韩 FTA 的深度和广度，将其作为中韩两国共同制订亚太地区和全球经贸规则的重要平台。

一、亚太地区 FTA 发展趋势

(一) 涉及范围由边境议题向“边境后”议题拓展

环境政策、劳工政策、竞争政策等国内政策不直接涉及贸易投资行为，因此不属于乌拉圭回合谈判之前的 WTO 贸易规则体系内容，在早期的亚太地区 FTA 中也基本没有涉及。但这些政策会影响各国企业的环境成本、劳动力成本和享受间接补贴水平，从而间接影响贸易投资，甚至成为少数国家推行贸易保护主义、损害公平贸易的重要手段。随着全球化的不断深入发展，各国逐渐认识到在上述“边境后”议题统一规则对于实现公平贸易具有重要意义，近年来亚太地区所签订的 FTA 中均不同程度地引入了相关议题，如表 1 所示。

表 1　目前亚太区几大 FTA 涉及“边境后壁垒”领域一览

涉及领域	韩国-美国 FTA	韩澳 FTA	中国-韩国 FTA	CPTPP
知识产权保护	√	√	√	√
环境	√	√	√	√
劳工	√	√	×	√
竞争政策	√	√	√	√
国有企业	×	×	×	√
自然人流动	√	√	√	√
政府采购	√	√	×	√

资料来源：作者整理。

（二）强调针对跨境电子商务等新型贸易方式制定经贸规则

近年来，依托互联网等现代技术的跨境电子商务、网上跨境服务等新型贸易方式发展非常迅速，也对各国的相关贸易规则带来了新的挑战。如对于通过互联网入境的无形商品，是否应收取关税、如何处理公共政策目标、国家信息安全和保护信息和数据自由流动之间的关系等问题，目前各国的标准尚不完全统一。如美国坚持认为，在确保保护个人信息等合法公共政策目标得到保障的前提下，确保全球信息和数据自由流动，不允许各缔约方对电子商务相关企业提出设立数据中心、提供软件源代码等强制性要求或在加密技术应用等领域设立特别限制。为此，在美韩 FTA、韩澳 FTA、CPTPP 等亚太区最新的 FTA 中，均将跨境电子商务作为重要的谈判议题。

（三）将能力建设、发展等国际合作议题纳入 FTA 下的经贸规则体系

目前，全球绝大多数 FTA 的规则框架主要沿袭自 WTO，相对集中于货物贸易、服务贸易、投资等领域壁垒的减轻，基本不涉及能力建设、反腐败合作、中小企业合作等国际合作领域。近年来，考虑到各国之间，特别是发达国家和发展中国家之间在上述领域的合作日益密切，各个 FTA 也在努力纳入相关议题，力图将相关合作机制化。如 TPP 设立能力建设、发展、中小企业、竞争力与商务便利化、反腐败等议题，构建一系列新型机制推进各成员国合作。中国-新西兰 FTA、韩国-澳大利亚 FTA 中也不同程度地涉及了经济合作机制的相关内容。

（四）加快建设成员国覆盖范围较广的多边 FTA

在 20 世纪 90 年代至 2010 年，双边自贸协定是亚太地区 FTA 的主要形式。在 21 世纪的前十年，若将东盟作为一个独立主体，则亚太地区所签署的 FTA 基本全部是双边 FTA（如韩国-东盟、日本-东盟、中国-东盟、日本-澳大利亚、韩国-澳大利亚、韩国-智利、中国-智利、墨西哥-日本）。这些 FTA 既有太平洋西岸各经济体（美国、墨西哥、哥斯达黎加、秘鲁、智利）之间的 FTA，也有太平洋东岸各经济体之间的 FTA，更有跨太平洋两岸的 FTA（墨

西哥-日本、韩国-美国）。随着双边 FTA 的快速发展，亚太地区各国之间已经形成了复杂的多边自由贸易区网络，如下图所示。

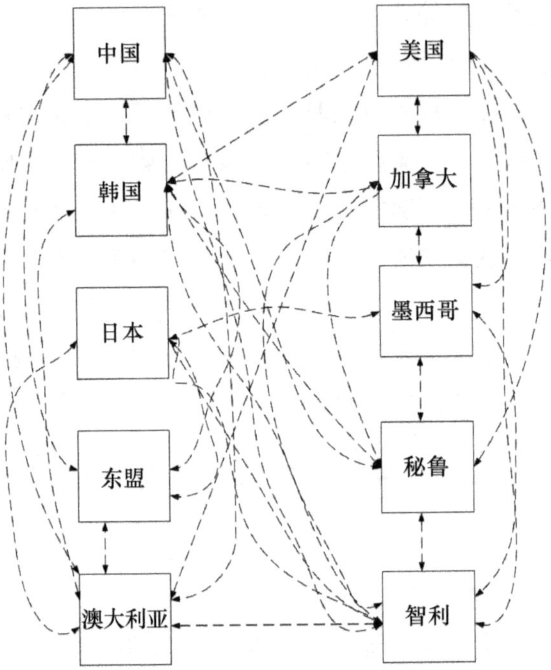

亚太地区 FTA 示意图（不包括 CPTPP）

由于这种双边自贸区网络在有力推动各国间贸易发展的同时也产生了巨大的“意大利面碗效应”，特别是不同的自贸区之间规则差异巨大，因此通过建立多边 FTA，最终形成亚太经合组织所希望的亚太自贸区的意愿迅速上升。因此，近期亚太地区的 FTA 逐渐由双边向多边发展，亚太地区参与经济体数量最多的 CPTPP 协议已经签署，正等待各国议会批准之中，中韩日 FTA 和 RCEP 谈判进展也十分顺利。

二、中韩 FTA 是亚太区水平较高、示范性较强的 FTA

(一) 中韩 FTA 的广度在亚太区 FTA 中处于较高水平

长期以来，中国所签署的 FTA 以及韩国和东盟、土耳其等发展中国家所签署的 FTA 主要基于 WTO 框架，以关税减让、原产地规则等传统边境议题为主。而中韩 FTA 中引入了知识产权、环境等“边境后”议题，也引入了经济合作和发展的相关议题以及电子商务等新型贸易方式的议题。对比亚太地区目前签署的 FTA，中韩 FTA 的水平涉及议题的广度明显高于韩国-东盟、中国-东盟等发展中国家参与的双边贸易协定，和韩国-加拿大 FTA、韩国-澳大利亚 FTA 等发达国家之间的 FTA 相比也并不逊色，如表 2 所示。

表 2　亚太地区各 FTA 涉及议题对比

各 FTA 共有议题	货物贸易、原产地规则、海关管理与贸易便利化、卫生与植物卫生措施、技术性贸易壁垒、贸易救济、服务贸易、投资、透明度、机制条款、争端解决
中国-东盟 FTA	经济合作
中韩 FTA	金融服务、电信、自然人移动、电子商务、竞争政策、知识产权、环境与贸易、经济合作
中国-新西兰 FTA	自然人移动、知识产权、经济合作
韩国-澳大利亚 FTA	金融服务、电信、自然人移动、政府采购、知识产权、竞争政策、电子商务、合作、劳工、环境
韩国-加拿大 FTA	金融服务、电信、自然人移动、电子商务、政府采购、竞争政策、知识产权、环境与贸易、劳工、国有企业

注：中国-东盟 FTA 的具体文本格式与中国和韩、澳等发达国家签署的 FTA 有较大差异。

（二）中韩 FTA 的标准在亚太地区 FTA 中处于较高水平

1. 关税减让水平在两国签署的 FTA 中处于较高水平

根据中韩 FTA 的关税减让协议，中韩 FTA 签署 20 年后，所有协议关税减让内容必须实施完毕，届时中国将有 7498 项税目实行零关税，占税目总数的 91.51%；韩国将有 11312 项税目实行零关税，占税目总数的 92.48%。这一关税减让水平要高于中国之前所签署的绝大部分 FTA，在韩国签署的 FTA 中也处于较高水平。如中国-瑞士 FTA 中，中国仅对瑞士出口的 84%产品实行了零关税，明显低于中韩 FTA 水平。

2. 积极应用国际上较为先进的“负面清单+准入前国民待遇”的模式

之前，中国所参与的几乎所有 FTA 以及韩国和绝大多数发展中国家所签署的 FTA，在服务贸易议题上基本均以正面清单的形式给出水平承诺和部门承诺，在投资议题上也基本仅给予缔约方“准入后国民待遇”。即便是韩国-澳大利亚 FTA 这一发达经济体之间签署的 FTA，在服务贸易上采用的也是混合清单模式。因此，中国-韩国 FTA 在服务贸易和投资上已经达到了亚太地区 FTA 的最高标准。

表 3　亚太地区各 FTA 服务贸易和投资议题标准对比

FTA 名称	服务贸易	投资
中国-东盟 FTA	正面清单	准入后国民待遇
韩国-东盟 FTA	正面清单	准入后国民待遇
韩国-澳大利亚 FTA	混合清单	负面清单＋准入前国民待遇
中国-韩国 FTA	负面清单＋准入前国民待遇	负面清单＋准入前国民待遇
美国-韩国 FTA	负面清单＋准入前国民待遇	负面清单＋准入前国民待遇
TPP	负面清单＋准入前国民待遇	负面清单＋准入前国民待遇
TISA	混合清单	

3. 在知识产权、环境等非传统议题设置了诸多理念先进的条款

中韩 FTA 同样积极，如在知识产权条款中针对版权、驰名商标工业品外观设计等各类知识产权给予了明确的保护条款，如规定版权的保护期为 50 年，工业品外观设计的保护期为 10 年；在环境议题中，明确要求任何一方不得以削弱或减少这些环境法律、法规、政策和实践所赋予的保护方式以鼓励贸易或投资，等等。

(三) 中韩 FTA 在亚太地区具有较强的影响力

中韩两国是亚太地区的大型经济体，在亚太地区分别排名第二位和第六位，中韩 FTA 所涉及的经济总量在亚太地区双边 FTA 中排名第三位，仅次于韩美 FTA 和中澳 FTA。同时，中韩两国同为东亚生产网络的重要成员，在亚太地区经济体中，两国互为对方贸易结合度最高的经济体，中韩经贸关系在东亚经贸合作中的示范性很强。因此，中韩 FTA 既能够有效影响亚太地区的整体产业分工格局，也能够有效推动亚太地区的经贸合作模式创新。

表 4 亚太地区主要经济体的贸易结合度指数（2014 年）

国家	美国	加拿大	墨西哥	日本	韩国	中国	澳大利亚
美国		7.75	6.89	0.93	0.97	0.72	1.33
加拿大	6.08		0.49	0.46	0.28	0.35	0.27
墨西哥	6.35	1.08		0.15	0.18	0.14	0.21
日本	1.50	0.47	0.72		2.66	1.75	1.69
韩国	0.98	0.35	0.88	1.27		2.40	1.47
中国	1.34	0.51	0.64	1.44	1.51		0.21
澳大利亚	0.33	0.19	0.09	4.05	2.63	3.21	

注：A 国对 B 国的贸易结合度计算方法为（A 国对 B 国的出口/A 国总出口）/（B 国总进口/全球总进口），该指标数据若大于 1，说明联系相对紧密。相关数据基于 UN COMTRADE 数据库测算得出。

三、未来中韩 FTA 仍有进一步改善空间

（一）涉及议题仍有进一步拓宽的必要性

虽然中韩 FTA 已经是亚太地区覆盖领域较广的 FTA，但和亚太地区的高标准 FTA（如 TPP、美韩 FTA）相比，涉及的议题数量仍然偏少，具体表现在以下三个方面：一是中韩 FTA 并未引入科技合作、第三方基础设施建设合作等中韩合作前景空间较大、双方优势明显互补的议题；二是中韩 FTA 并未涉及政府采购、中小企业等目前亚太区 FTA 已经普遍引入的议题；三是中韩 FTA 在经济合作方面的议题偏少，且内容过于原则。

表 5 中韩 FTA 和 TPP、美韩 FTA 议题内容对比

各 FTA 共有议题	货物贸易、原产地规则、海关管理与贸易便利化、卫生与植物卫生措施、技术性贸易壁垒、贸易救济、服务贸易、投资、透明度、机制条款、争端解决*
美韩 FTA	农产品、纺织品和服装、医药、金融服务、电信、电子商务、竞争性相关事项、政府采购、知识产权、劳工、环境
TPP	纺织品和服装、金融服务、商务人员临时入境、电信、电子商务、政府采购、竞争政策、国有企业和指定垄断、知识产权、劳工、环境、合作和能力建设、竞争力和商务便利化、发展、中小企业、监管一致性、反腐败
中韩 FTA	金融服务、电信、自然人移动、电子商务、竞争政策、知识产权、环境与贸易、经济合作

注：* NAFTA 的争端解决机制分两章：专门针对反倾销的争端解决机制和一般性的争端解决机制。

（二）传统议题的相关标准仍有进一步提高的空间

1. 最终关税减让水平低于美韩FTA和TPP等亚太地区高标准FTA

虽然中韩FTA的最终关税减让达到了90%以上，但美韩FTA和TPP最终将实现所有制成品的零关税以及绝大部分农产品的零关税，整体关税减让率均在95%以上，TPP的大部分成员国最终关税减让水平甚至达到100%。

2. 设置的关税保护期限偏长

美韩FTA生效之日起，韩国就对美国80%的制成品和2/3的农产品实现了零关税；TPP自签订之日起，大部分成员国即将80%以上的商品关税降至零，有7个国家（美国、澳大利亚、文莱、新西兰、加拿大、新西兰、文莱）甚至将90%以上的产品关税降至零。而中韩FTA生效之日起，仅有57.02%的产品实现零关税。

3. 相当一部分重要产品的关税减让水平不高

以农产品为例，韩国在美韩FTA和中韩FTA中均将农产品分为一般商品、敏感商品和超敏感商品，其中一般商品在10年内取消关税，敏感商品在10—20年内取消关税，超敏感商品只会部分减让关税或保留关税。但在美韩FTA中，超敏感商品仅占农产品税目的2%和进口额的8.1%，而在中韩FTA中，超敏感商品则占农产品税目的10%和进口额的15%。再如，在制成品中，韩国保留关税或设置较长保护期的产品既包括高铁设备、汽车、人参提取物等自身相对优势比较明显的产品，也包括木材制品、部分纺织服装类产品等自身比较优势明显较弱的产品；中方同样对于韩国出口的纺织服装类产品设置了较长的保护期。

4. 服务贸易的开放水平也有待进一步提升

虽然中韩FTA的服务贸易和投资议题决定了将运用负面清单+准入前国民待遇模式，但两国的这两个清单目前尚未出台，中韩FTA文本中目前仍然采用的是“水平承诺+部门承诺”的传统正面清单方式。从目前两国所提供的清单看，两国服务贸易开放水平基本上和现有国内相关法律法规（如中国的《外商直接投资产业指导目录》和韩国的《外商直接投资促进法》）基本一致，未来进一步提升开放水平的空间仍然较大。

（三）非传统议题的相关规则仍需进一步细化

在知识产权、环境、竞争政策等针对“边境后壁垒”的非传统议题中，中韩 FTA 相关规则标准过于原则，且相当一部分内容和文本基本沿袭美韩 FTA 等亚太区高标准 FTA，其内容未来仍有较大改进和深化的空间。如中韩 FTA 基本上援引 WTO 的 TRIPS 协议，对多种知识产权的保护论述偏于原则性；而 TPP、美韩 FTA 等则对临时复制、“规避”（Circumvention）、药品专利保护等具体知识产权保护问题给予了严格的规范。在环境领域，TPP、美韩 FTA 和中韩 FTA 在保护环境、遵守各项国际公约等方面的核心精神差异不大，但 TPP 和美韩 FTA 除要求各缔约方不得因为可能对贸易投资的消极影响而弱化甚至取消环境保护的相关法规，还要求各缔约方不得因对贸易投资可能产生消极影响而未能有效地执行环境保护的相关法规，对环境保护的相关执法程序等规范程度也远较中韩 FTA 详细。在竞争政策领域，中韩 FTA 仅规定执法应符合透明、非歧视、程序正义等原则，并未涉及私有企业市场垄断的相关问题，而 TPP 和美韩 FTA 则对防止非公平竞争的具体法律程序的诸多细节进行了规定，并对私有企业市场垄断行为有明确规定，要求这种垄断不得以和政府的各种特殊贸易许可、授权等相关、这种垄断不得导致价格控制权，等等。

四、进一步提升中韩 FTA 水平的思路与对策

（一）短期

1. 推进负面清单的谈判

一是双方应以推进负面清单，实现两国以“负面清单＋准入前国民待遇”对服务贸易和外资进行管理为中韩 FTA 谈判的主要目标。特别是中韩 FTA 如能在中美 BITs 谈判完成之前出台负面清单，将真正成为中国第一个以负面清单形式签署的 FTA，对增加两国在亚太地区经济合作中的影响力有积极意义。二是韩方可基于美韩 FTA 的经验，基于韩国法律体系的基础上将美韩 FTA 的负面清单进行适度修正，为中方负面清单提供参考。

2. 增加若干中韩合作前景广阔的议题

如前所述，中韩 FTA 在广度上相较亚太地区的高水平 FTA 还有一定差距。建议在短期内，选择对双方合作积极作用明显，双方分歧较小的领域增加若干议题。一是中小企业议题。中小企业在两国共同参与东亚生产网络中发挥了重要作用，为中小企业发展提供良好的市场环境，避免中小企业受到歧视性待遇对于中韩两国进一步深化经贸合作，共同提升在全球价值链中的地位有重要意义。二是科技创新合作议题。在传统的合作模式下，中韩两国主要依托各自的要素禀赋优势，以垂直专门化合作为主。但随着中国劳动力、土地等生产要素比较优势逐渐转弱和高素质人才、科技要素比较优势逐渐上升，传统合作模式的基础正不断弱化，共同建立网状的研发制造合作网络将成为中韩两国合作的重点，在 FTA 框架下整合两国的高校、科研机构等资源，建立创新合作机制具有重要意义。三是第三方合作议题。两国和亚洲发展中国家有着雄厚的产能合作和基础设施建设合作基础，且具有各自比较的优势。两国可充分利用同为亚投行重要股东的优势，在 FTA 框架下建立共同和第三方发展中国家开展基础设施建设合作和国际产能合作的常态化机制，促进三方经济的稳定健康发展。

（二）中长期（2019 年之后）

从中长期看，随着中韩两国对外开放水平的不断提高，中韩 FTA 可以在以下几个领域取得更多突破：

1. 更高水平的关税减让

如前所述，中韩 FTA 中两国的关税减让幅度均有进一步提高的潜力。特别是对于韩方而言，完全可以在适当时期内将纺织服装、汽车等自身优势较为明显的产品的关税尽快参考美韩 FTA 的标准降至零关税。在农产品领域，中方的农产品竞争力明显低于美国，韩方完全可以将美韩 FTA 的农产品关税减让标准进行适度调整后用于中韩 FTA。

2. 更高的服务贸易开放水平

随着两国服务业规则和国际规则的逐渐接轨和发展水平的提升，在中长期内两国进一步开放服务贸易的空间巨大。特别是对于韩方而言，未来可考虑开放除涉及国家安全外的全部服务领域，并积极推动中韩两国服务标准的对接。

3. 增加反腐败、监管一致性等议题

未来增加反腐败、监管一致性等国内法律框架的合作议题，为两国经贸合作创造良好外部环境的积极意义也进一步凸显，建议在中长期逐步引入相关议题。

4. 进一步细化环境、知识产权等议题的条款

两国应基于经济合作的具体情况，将知识产权、环境、电子商务等议题的条款进一步具体化和深化。如在环境议题下规范对违反环境法律行为的执法程序；对互联网知识产权等一些新型知识产权的保护措施予以严格规范；对信息自由流动和国家信息安全之间的关系给出明确的界定，等等。

5. 将中韩 FTA 的规则向中韩日 FTA、RCEP 等其他自贸区推广

在中长期内，中韩两国在推进中韩日 FTA、RCEP 等自贸区谈判时，应共同积极引用中韩 FTA 的相关条款，提升两国在亚太地区 FTA 中的影响力。

李大伟，中国国家发展和改革委员会对外经济研究所副研究员

参考文献

[1] 中国社会科学院世界经济与政治研究所国际贸易研究室．跨太平洋伙伴关系协定文本解读[M]. 中国社会科学出版社，2016. 1.

[2] 李大伟. TPP 非传统议题对我国的影响及对策[J]．国际贸易，2016 (2).

[3] 王玉主. 后危机时期中国—东盟经济合作前景[J]．亚太经济，2010 (3)．

[4] 沈铭辉. 亚洲经济一体化——基于多国 FTA 战略角度[J]. 当代亚太，2010 (4)：45-71.

[5] 张振江. 亚太自由贸易区：美国战略与中国应对[J]. 世界经济与政治，2009 (4)：50-56.

[6] 刘晨阳. “跨太平洋战略经济伙伴协定”与美国的亚太区域合作新战略[J]．国际贸易，2010 (6)：56-59.

放宽中韩非关税壁垒的合作方案①

崔辅荣

中国和韩国在参与全球价值链方面均属于较为活跃的代表性国家，因此，如果只看总额标准的贸易资料，很有可能会忽略掉中韩两国贸易中出现的主要特点。鉴于此点，有必要在附加值方面首先了解中韩两国贸易特点后，再分析各国对外出口中作为域内国家的附加值贡献的演变。本文第一部分将通过常用于研究的总额标准贸易统计以及世界投入产出表（World Input-Output Tables，WIOT）来了解和分析中韩两国的贸易特点。

一、中韩贸易结构

1995 年，韩国对华主要出口产业是化学品与化学产品制造业（29.6%），其占比高于纺织与服装制造业（14.5%）、原料金属制造业（10.6%），电子与精密仪器制造业（10.2%）、机械与设备制造业（10.2%）。2013 年以后，在韩国对华出口中占据一半以上的是电子与精密仪器制造业（50.1%）。而韩国自华进口 1995 年占比较大的主要是纺织和服装制造业（24.2%）和原料金属制造业（21.3%），2013 年主要进口产业是占比达 40.7%的电子与精密仪器制造业（见表 1）。

表 1　韩国对华主要进出口产业占进出口总额比重（%）

产　业	对华出口		对华进口	
	1995 年	2013 年	1995 年	2013 年
农畜水产业	0.2	0.1	3.4	1.2
食品加工	1.2	0.7	5.0	2.9

① 本文摘自韩国对外经济政策研究院 2016 年研究报告《为放宽中日韩非关税壁垒的 3 国合作文宗：以限制措施为主》，并进行了修改。

续表

产业	对华出口		对华进口	
	1995 年	2013 年	1995 年	2013 年
纺织与服装	14.5	1.6	24.2	7.1
皮革/包/鞋	7.7	0.4	3.8	2.3
化学品/化学产品	29.6	19.1	8.9	9.2
橡胶/塑料	1.9	2.2	0.4	1.8
非金属矿物产品	0.3	0.3	2.2	3.7
原料金属	10.6	5.5	21.3	15.1
机械与设备	10.2	6.9	1.2	6.6
电子与精密仪器	10.2	50.1	10.2	40.7
汽车/拖车	2.8	6.2	0.3	2.8

注：HS 1992 版本转换为 ISIC Rev. 3。
资料来源：KIEP（2016），p. 37。

表 2 是中韩两国对对方出口中本国附加值比重的变化。本国附加值比重小，说明对全球价值链的参与较为活跃。表 3 是韩国对华出口中的中国附加值比重变化以及中国对韩出口中韩国附加值比重变化。

如前所述，中国和韩国在电子与精密仪器制造业领域的域内交易非常活跃。电子与精密仪器制造业和化学品/化学产品、原料金属、非金属矿物产品一样，如果排除天然资源基础产业，则在中韩两国的各自对外出口中，本国的附加值比重以 2011 年为基准呈现最低，且在 1995—2011 年期间本国的附加值比重减低更多。在韩国的电子与精密仪器最终产品出口中，中国的附加值比重从 1.2%提升到了 8.9%，在分析期间有了快速增长。另外，在中国的电子与精密仪器出口中，韩国的附加值比重从 1.6%增长到了 2.3%。

韩国的化学品/化学产品制造业，本国附加值以 2011 年为基准只有 47.5%，相较其他产业比重较低，可以看出分析期间本国附加值比重快速减低。另外可以看出，在韩国化学品/化学产品的最终产品出口中，中国的附加值比重有所增加。中国在分析期间也有本国附加值比重增加的产业，就是纺织与服装制造业和皮革/包/鞋制造业。1995—2011 年，在中国纺织与服装制造业最终产品出口中，本国附加值比重从 82.9%增长到 86.1%，皮革/包/鞋制造业从 81.7%增长到 86.0%。在这些产业的最终产品出口中，韩国的附加值比重在分析期间有所减低。

表2　中韩双方出口中本国附加值比重的变化（%）

产　业	韩　国			中　国		
	1995年（a）	2011年（b）	b—a	1995年（a）	2011年（b）	b—a
农畜水产业	90.3	78.7	−11.6	94.4	92.9	−1.5
食品加工	78.7	68.4	−10.3	91.9	89.2	−2.7
纺织与服装	72.7	66.8	−5.8	82.9	86.1	3.1
皮革/包/鞋	74.0	68.5	−5.5	81.7	86.0	4.3
化学品/化学产品	71.2	47.5	−23.6	85.0	76.4	−8.6
橡胶/塑料	73.9	60.2	−13.7	82.5	77.6	−4.9
非金属矿物产品	81.2	67.4	−13.8	89.4	83.7	−5.7
原料金属	68.0	52.3	−15.7	84.8	73.3	−11.6
机械与设备	74.5	63.4	−11.1	85.5	77.5	−8.0
电子与精密仪器	70.6	61.8	−8.8	78.1	71.3	−6.8
汽车/拖车	76.6	65.6	−11.1	84.1	78.2	−5.9

资料来源：KIEP（2016），p. 38。

表3　中韩双方出口中对方国家的附加值比重变化（%）

产　业	韩　国		中　国	
	1995年	2011年	1995年	2011年
农畜水产业	0.5	2.5	0.4	0.3
食品加工	1.3	3.9	0.5	0.3
纺织与服装	5.6	10.2	3.0	0.8
皮革/包/鞋	2.1	5.1	2.6	0.7
化学品/化学产品	0.7	5.3	1.4	1.0
橡胶/塑料	0.8	5.9	2.0	1.2
非金属矿物产品	0.9	4.5	0.9	0.6
原料金属	1.3	6.2	0.9	0.7
机械与设备	0.9	6.8	1.0	1.2
电子与精密仪器	1.2	8.9	1.6	2.3
汽车/拖车	0.8	6.6	1.0	1.3

注：计算域内附加值比重时，未含两国国内附加值。
资料来源：KIEP（2016），p. 39。

二、贸易费用和全球价值链

根据本文第一部分内容，我们可以看出中国和韩国正在积极活跃地融入全球价值链。参与全球价值链可以专业化本国比较优势作用，极大提高效率。但是，参与全球价值链的国家越多，商品各生产阶段通过国境次数越多，会大幅增加贸易费用。WTO（2012）将全球价值链中最终产品的贸易费用定义如公式（1）。根据公式（1），参与价值链的国家越多，最终产品的出口费用水平增加越快（见图1）。

$$c(n)=\sum_{i=1}^{n}\frac{1}{n}(1+t)^{i} \tag{1}$$

式中，t 为贸易费用，n 为参与价值链的国家数量。

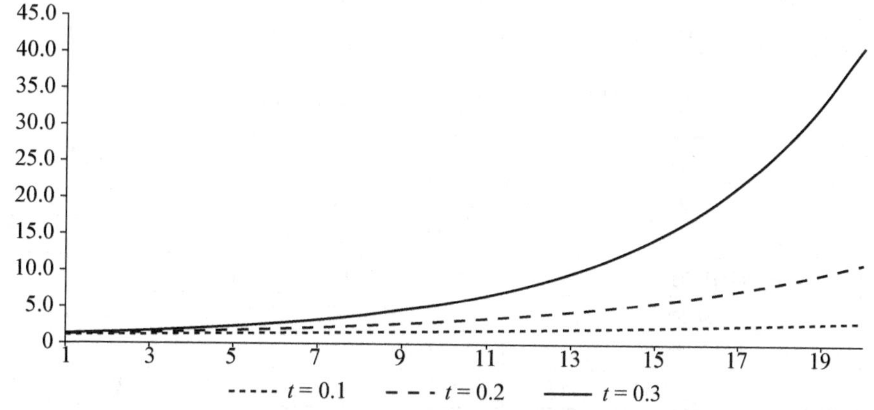

图1　全球价值链中非关税措施的累积效果

注：1. t 假设为10%、20%、30%。

2. 纵轴为最终产品贸易费用的关税等值，横轴为参与全球价值链的国家数量。

资料来源：KIEP（2016），p. 29。

贸易壁垒大体上可以分为关税壁垒和非关税壁垒。关税壁垒易观测，其主要目的是控制进口数量。非关税壁垒是对贸易产生不必要的负面影响的非关税措施，且其主要目的不是控制贸易数量，许多不易观测，比如，进口配额和禁止进口措施的主要目的与关税壁垒一样，是控制进口，但进口要求的商品包装规定或商品质量规定较多时候不是为了控制进口。非关税措施目的不经济，且该措施对进口量的影响有时仅停留在附带结果。非关税措施与关税不同，其不合理处相对很难反驳，因此较多国家为保护本国产业，更多倾向于利用非关税措施替代关税来提高贸易壁垒。

（一）关税壁垒

中韩两国贸易征收的关税近来不是废止就是下调（表 4）。比如韩国，1995 年零关税商品只有 66 种（1.4%），而 2013 年已经大幅增加到 705 种（14.3%）。经计算，韩国自中国进口中零关税商品的比重较高，如表 4 所示，零关税商品占比于分析期间从 0.5%大幅增长到了 40.5%。

中国与韩国一样，零关税商品从 1995 年的 75 种增加到了 2013 年的 334 种，同时关税在 0—5%（不含零关税）的商品从 125 种大幅增加到 1117 种。2013 年中国自韩国进口商品中，零关税商品占比已达 31.3%，与 1995 年相比有了很大提高。尤其关税水平在 5%以下的商品进口比重占据了 56.8%。

表 4　韩国和中国的关税结构（HS 6 编码）

国别		关税率（%）	0	$0<T\leqslant5$	$5<T\leqslant10$	$10<T\leqslant15$	$15<T$
韩国	1995 年	品种数量（种）	66	522	3911	6	305
		品种比重（%）	1.4	10.9	81.3	0.1	6.3
		自中国进口比重（%）	0.5	30.6	64.8	0.4	3.7
	2013 年	品种数量（种）	705	620	2882	325	385
		品种比重（%）	14.3	12.6	58.6	6.6	7.8
		自中国进口比重（%）	40.5	18.9	34.5	3.8	2.3
中国	1995 年	品种数量（种）	75	125	244	689	3783
		品种比重（%）	1.5	2.5	5.0	14.0	77.0
		自韩国进口比重（%）	0.1	0.3	4.6	18.2	76.7
	2013 年	品种数量（种）	334	1117	2132	787	472
		品种比重（%）	7	23	44	16	10
		自韩国进口比重（%）	31.3	25.5	38.7	2.7	1.9

注：按 HS 6 编码分类。
资料来源：KIEP（2016），p.43。

（二）非关税壁垒

Hoekman and Nicita（2011）指出，一个国家的收入水平越高，关税水平越低，而非关税壁垒反而更高（图 2）。这说明以发达国家为中心，更多利用非关税壁垒替代已下调的关税壁垒来保护国内产业。

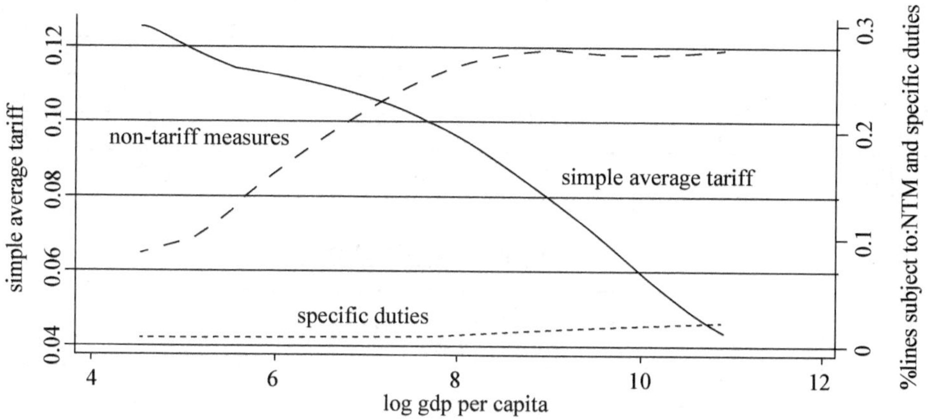

图 2　针对收入水平的关税和非关税壁垒

资料来源：Hoekman，B.，& Nicita（2011），p. 2070.

如前所述，相当部分的中韩贸易在零关税商品中产生，但如表 5 和表 6 所示，中国和韩国的非关税措施数量在全球金融危机的 2008 年以后大幅增加。实行或提议的非关税措施，韩国在 2003—2008 年期间平均为 78.3 项，而在 2009—2014 年期间大幅增加到平均 112 项。中国同样在该段时间从 98.1 项增加到了 215.8 项。尤其从中国和韩国的非关税措施来看，与世界趋势一样，技术壁垒（TBT）和卫生检疫（SPS）的措施数量压倒性地多于其他措施（表 6、表 7）。

表 5　韩国非关税措施数量变化

年份	TBT	SPS	保障措施	特别紧急进口限制	抵销关税	反倾销	限制数量	合计
2003	19	27	0	28	0	20	0	74
2004	16	27	0	16	0	14	0	59
2005	19	21	0	24	0	6	1	64
2006	29	25	0	28	0	15	1	82
2007	37	49	0	12	0	15	0	98
2008	33	46	0	14	0	17	0	93
2009	66	51	0	12	0	4	0	129
2010	56	29	0	6	0	3	0	91

续表

年份	TBT	SPS	保障措施	特别紧急进口限制	抵销关税	反倾销	限制数量	合计
2011	45	23	0	57	0	2	0	125
2012	78	40	0	2	0	2	0	120
2013	53	31	0	2	0	13	0	86
2014	90	31	0	0	0	11	0	121

注：上述数值是实行（entered into force）或提议（initiated）的数量合计。
资料来源：KIEP (2016)，p. 45。

表 6　中国非关税措施数量变化

年份	TBT	SPS	保障措施	特别紧急进口限制	抵销关税	反倾销	限制数量	合计
2003	28	28	0	0	0	54	0	56
2004	22	37	0	0	0	44	1	59
2005	108	15	0	0	0	40	1	123
2006	62	4	0	0	0	34	0	66
2007	90	4	0	0	0	16	0	94
2008	185	6	0	0	0	18	2	191
2009	206	98	0	0	3	29	2	307
2010	63	254	0	0	3	23	1	320
2011	91	171	0	0	2	11	2	264
2012	83	26	0	0	2	14	1	111
2013	81	92	0	0	1	19	0	174
2014	48	69	0	0	2	20	14	119

注：上述数值是实行（entered into force）或提议（initiated）的数量合计。
资料来源：KIEP (2016)，p. 46。

表 7　韩国不同行业的非关税措施数量（项）

行　业	TBT	SPS	保障措施	特别紧急进口限制	抵销关税	反倾销	限制数量
一次产业	32	180	3	136	0	0	8
加工食品	17	30	0	70	0	0	1
加工矿物	9	0	0	0	0	0	7
橡胶/化学	43	30	0	14	0	12	10
皮革产品	1	2	0	0	0	0	8
纸/木材	7	10	0	0	0	7	4
服装/纺织	4	0	0	0	0	5	1
非金属矿物	8	0	0	0	0	2	3

续表

行　业	TBT	SPS	保障措施	特别紧急进口限制	抵销关税	反倾销	限制数量
金属产品	7	0	0	0	0	3	1
一般机械与设备	20	0	0	0	0	1	31
电子产品	24	0	0	0	0	0	3
运输设备	10	0	1	0	0	0	12
其他产品	22	0	0	0	0	0	19
合计	204	252	4	220	0	30	108

注：上述数值是 2015 年当前实行（entered into force）或提议（initiated）的数量累计。
资料来源：KIEP（2016），p. 47。

表 8　中国各行业非关税措施数量（项）

行　业	TBT	SPS	保障措施	特别紧急进口限制	抵销关税	反倾销	限制数量
一次产业	71	308	0	0	2	2	10
加工食品	32	141	0	0	0	1	0
加工矿物	47	53	0	0	0	0	9
橡胶/化学	380	158	0	0	2	59	14
皮革产品	14	1	0	0	0	0	1
纸/木材	42	12	0	0	0	5	5
服装/纺织	40	1	0	0	0	0	2
非金属矿物	127	1	0	0	0	2	5
金属产品	143	5	0	0	1	8	5
一般机械与设备	276	2	0	0	0	0	4
电子产品	209	0	0	0	0	0	4
运输设备	149	0	0	0	0	0	3
其他产品	287	0	0	0	0	6	5
合计	1817	682	0	0	5	83	67

注：上述数值是 2015 年当前实行（entered into force）或提议（initiated）的数量累计。
资料来源：KIEP（2016），p. 48。

三、放宽中韩非关税壁垒的合作方案

如本文第二部分所述，中国和韩国的 TBT 和 SPS 措施数量相对其他非关税措施更多，表明两国更加积极利用按技术措施分类的 TBT 和 SPS 措施。因此，第三部分主要就怎样放宽 TBT 和 SPS 等技术措施引起的非关税壁垒，提出一些合作方案。

（一）协调（Harmonization）

非关税限制措施本身可以限制贸易，但因各国限制不同而放大了其负面效果。尤其是 TBT 和 SPS 等关乎国民健康、安全和环境的限制不宜一刀切地取消。但是，通过中国和韩国之间的标准协调，可以最大限度地减轻非关税措施对域内贸易产生的负面效果。

欧盟的 New Approach 法案是协调多个国家标准的最具代表性的案例，Chen and Mattoo（2008）的研究显示欧盟地区的标准协调显著增加了区域内贸易数量。① 另外，Cadot 等（2015）指出，非关税措施越是不同，非关税措施与关税等值水平越高，从而强调了协调限制的重要性。② 非关税措施的不同会提高非关税措施与关税等值水平的原因是，出口对象国家的标准和规格条件与出口商本国不同时，会产生额外顺应费用。

目前，中国和韩国之间存在食品安全与卫生检疫标准和技术水平的差距，需长期开展协调食品标准的努力。为此，需要事先通过构建包括定期专家协议会的持续性信息与人际关系网，互相增进对各国不同标准和技术的理解。比如，东盟为共享和协调食品安全数据的努力给了中韩两国很好的启发。东盟曾于 2003 年通过定期举办的东盟食品安全标准协调专题讨论会构建了 ASEAN Food Safety Standards Database，该数据库提供目前东盟十国的食品添加剂标准信息。③

食品标准领域内长期的国际协调可以从负责共同食品标准制订的澳洲-新西兰食品标准委员会（Food Standards Australia New Zealand：FSANZ）得到启发。FSANZ 的前身是 1991 年负责向两国国家食品标准委员会建议食品标准的国家食品管理局（National Food Authority）。此后，两国于 1995 年为建立

① EU 协调指令（harmonization directives）针对限制最多的商品，涉及标签条件、符合性评估程序等各个方面限制。

② 这些是特定商品、特定措施，比如对比有无检查条件后，如果有相同条件为 1，否则为 0，以此计算国家之间限制的类似程度。

③ 见东盟食品安全标准数据库网站 http://aseanfssdatabase.com/（搜索日期：2015 年 11 月 25 日）。

共同食品标准开发系统，在签署协定（The Agreement between Australia and New Zealand establishing a System for the Development of Joint Food Standards）基础上，为了通过协调食品标准实现缩减费用、减少食品交易的制度性壁垒成立了 FSANZ。2000 年，两国正式实行了通用食品标准代码，FSANZ 作为双重国籍的国家机构，负责制订澳洲和新西兰两国食品添加剂、食品安全、标签、规定转基因食品条件的通用清单以及诸多行政业务。① 澳洲和新西兰虽然发布通用食品标准和规格，但对食品标准和规格的实施与解释却是各自国家机构的权限。② FSANZ 不仅参加与建立食品标准相关的双边会议，还参加 Codex、APEC 等国际会议，在加强与国际社会合作的同时，培养食品安全规定的科学能力，积极发挥国际领导能力。③

（二）互相认可符合性评估

即使进口国使用国际标准或认可出口国标准同等于本国标准，进口国的符合性评估仍可能与出口国不同。符合性评估不是单纯的试验、检查和认证的费用问题。它与标准一样，站在出口商立场上，如果每个出口对象国家的试验和认证条件不同，则为了满足该国家条件可能会产生额外费用。不仅如此，符合性评估程序所需时间过长，对纺织、服装类产品或高科技等商品周期较短的商品销售会造成很大损失。WTO（2012）报告称，现有的各种实证分析研究发现，符合性评估费用尤其对农产品和食品贸易是最主要的障碍因素。

韩国代表性试验认证机构有韩国产业技术试验院（KTL）、韩国化学融合试验研究院（KTR）、韩国机械电气电子试验研究院（KTC）等，这些机构负责实施国内外试验与认证发放业务。尤其针对中国严格而复杂的强制性认证制度，为屡屡碰壁而诉苦的韩国对华出口企业提供咨询服务，在中国境内成立和经营分支机构。但是截至目前，韩国试验认证机构还无法在中国境内开展认证活动，时常遇到拖延试验认证、通关问题、技术规定的任意解释等各种经营困

---

① FSANZ 网站. http://www.foodstandards.gov.au/Pages/default.aspx.（搜索日期：2015 年 10 月 27 日）。

② FSANZ 以协调两国食品标准为目的，但没有实行残留允许标准等业务。

③ FSANZ（2014）. Promoting International Harmonisation of Food Standards. Dec. 2014.

难因素，为了两国顺利开展交易，迫切需要签署相互承认协议（MRA），互相认可符合性评估程序。

韩国一直在推行与中国的合作，努力放宽制度、运营方面的技术壁垒，2015 年 9 月，有报道称，已与中国国家质量监督检验检疫总局（AQSIQ）签署了促进相互承认强制性认证制度以及关于消费者产品安全合作的协定。[①] 据韩国产业部报道称，两国签署了三项协定，①《消费者产品安全合作约定》就两国当前限制问题与相关法律的履行、交换符合性评估机构管理与产品安全信息等开展合作；②《符合性评估相互承认合作项目的操作程序协定》就两国强制性认证制度（韩国 KC 认证和中国 CCC 认证）分五个阶段[②]达成相互承认协定；③《电子电气产品符合性评估合作协定》就扩大电子电气产品领域的国际公认报告（IECEE CB）的相互承认、6 个月内签署电子电气产品认证机构之间具体合作协定等内容达成了协议。此外，KTL 于 2015 年 5 月与中国山东省医疗器械检查中心签署了加强医疗器械试验、检查领域的技术交流与合作的备忘录，我们可以期待相互利用医疗器械试验报告[③]的确定。

综上所述，中国和韩国之间根据进出口交易量指定特定商品并相互承认不同的符合性评估程序后，引进和实施东北亚合作制度，预计将会深化发展相互依存度较高的两国之间供应网络。中韩两国合作方案除了国家机构之间签署 MRA 或试验机构之间签署试验报告互认 MOU 以外，还可以考虑：①供方符合性宣言（SDOC）制度[④]以及引进生产方试验报告认证制度，扩大对象商品范围；②相互授予对方国家试验机构颁发本国认证标志的权限；③成立和运营域内海外认证中心等方法。

（三）提高透明度

从国家之间限制的差异来看国民偏好（Preference）差异，可能会不适合

---

① 韩国产业通商资源部新闻稿：“中韩两国为放宽贸易技术壁垒正式开展合作”，2015. 9. 22.

② 两国表明达成协议内容如下，① 交换标准相关信息→ ② 对比认证程序与产品目录→ ③协议相互承认过程中最小化问题的方法等→ ④ 签署约定→ ⑤ 计划按照约定履行程序实施，且为节省时间约定部分阶段可以同时开展。

③ Money Today：“KTL，与中国山东医疗器械检查中心达成技术合作 MOU”，http://www.mt.co.kr/view/mtview.php? type=1&no=2015052117004231924&outlink=1，2015 年 5 月 21 日。

④ 供方符合性宣言指供方自行对产品进行试验并张贴认证标志，政府事后任意检测相关商品，如有发现违反则采取巨额罚款的方式，是一种“事后认证制度”。（유새별，2015）。

采用协调限制或相互承认符合性评估。比如，每个国家对危险或外界效果的容忍程度不同。这种情况下，各国也可以通过提高本国标准与技术规定的透明度，最大限度地降低非关税措施对贸易产生的限制效果。如果为标准和技术规定留出充分时间提前通知其他国家或配备标准和符合性评估程序相关咨询机构，则可以减低出口商对进口国家技术标准和规定的搜寻成本。

特别是为了解决对方国家不能参与本国制订和修订技术规定、制订和修订结果缺少提前公告、缺乏对方国家出口行业的意见收集等 WTO TBT 例会不断提出的透明度问题，需要中韩两国通过非关税壁垒协议会定期开展讨论。为了提高透明度，建议中国和韩国通过非关税壁垒协议渠道就以下问题开展实效性讨论：①公告单一化；②在网上分阶段公示技术规定的制度与修订程序及其结果等。

建议一：公告单一化指提交 WTO 的技术规定在已签署公告中按照相同格式编制标题、说明、履行期限等内容并交换，以便两国查询。这种方式与美国给加入“中美洲一体化体系”（Central American Integration System）的中美成员国的建议相似，可以参考安第斯共同体（The Andean Community）最近通过秘鲁以单一化公告提交地区技术规定的案例。①

建议二：在网络公示技术规定的制订、修订程序及其结果的方案，需要中韩两国构建非关税壁垒协议渠道以及网站，其目的是在网站刊登各国技术规定的制订与修订过程、预计实施日期等，以便域内政府机构、出口商以及相关机构利害关系人访问、增进理解。例如，可以考虑在两国非关税壁垒协议会网站构建技术规定制订与修订信息提供标签（Tab），透明公开以下信息：①预告新技术规定修订（或原有技术规定的制订）公告方案的立案；②技术规定制订与修订过程；③技术规定制订与修订结果；④提前公布实行日期；⑤截止实行的流程现况的方案。此类最低限度的信息共享其意义在于，即使不参与其他国家技术规定的制订与修订过程，也可持续跟踪了解，提前确保充足的筹备时间。尤其是因国家紧急情况无法提前书面或有线公告技术规定的制订与修订时，可以通过电子手段方便快速提供信息。

构建搞活域内国家之间信息交换与国内外信息交换的网站，从方便食品安全相关合作方面来看也是必需的。韩国农水产食品部为支持 WTO 关于 SPS 协

① G/TBT/W/415/R1.

定的透明度义务，曾于 2015 年 10 月全新开通了提供统计 WTO 的 SPS 公告、SPS 相关文件、SPS 当前特定贸易问题、相关国际标准与韩国 SPS 措施负责人等信息的网站（http://www.koreasps.kr）并开展试运行。[①②] 该网站的方针是提供未来选择性发送 SPS 公告的邮件服务和对 SPS 公告的回执记录、支持进口通知相关网站用户的回执、通知 SPS 公告的回执时间等服务，2016 年开通韩国语和英语服务，还将作为收集产学研意见的通道使用。[③] 与此类似，中国也已经构建和运营中国-东盟 SPS 合作信息网站，努力提高规定的透明度。[④] 因此，建议中国和韩国构建中长期 SPS 措施与 TBT（技术性贸易壁垒）措施相关合作网站，提供各国主要 SPS 和 TBT 措施修订情况以及主要不允许通关案例的相关解读。

（四）其他合作

中韩两国虽然已经签署了 FTA，但受各种政策和经济因素影响，两国的限制差异仍未能拉近。事实上，签署双边 FTA 协定的目的在于取消关税，实际能否享受协定规定的国民待遇仍不明朗。即使国家政府之间或机构之间签署了关于商品和产业的 MRA 与 MOU，他国直接承认本国试验报告的情况也并不多见。签署的 MRA 或 MOU 大部分只有按照相关报告格式、盖章或对方国家要求的方式经过格式变形后才能通用，这种模式并非真正的 MRA 或 MOU。据已进入中国境内的韩国试验研究所负责人指出，与中国 CCC 认证与通关等相互承认试验结果相关的 MOU 已经签署多次，但韩国未经加工的试验数据（raw data）若要提交中国境内相关机构，仍须按照中国报告标准格式变形。这就要求中国和韩国签署一份能够按照统一标准格式化各国不同试验数据并相互承认的 MOU。

崔辅荣，韩国对外经济政策研究院组长

---

① WTO SPS Secretariat（2015c）。

②③ TBT 有政府于 2008 年起运营的网站（www.knowtbt.kr）。

④ 中国-东盟 SPS 网站：http://www.chinaaseansps.com/list.aspx? cid=218.（搜索日期：2015 年 10 月 16 日）。

中国经济转型与中韩合作

张璐琴

经济转型是指经济发展方式的转变，主要表现为经济结构的调整，包括需求结构、供给结构、要素驱动结构的转型，经济转型期通常伴随着经济增长速度、经济结构、发展动力的转变。对于东亚转型国家来说，政府在经济发展中发挥重要作用，与经济转型密不可分的关键是处理好政府和市场的关系，这也是中国经济体制改革的核心问题。中国的经济转型有两层含义：一是经济发展方式转型，即经济需求结构、供给结构、要素驱动结构的转型；二是经济体制转型，即把资源配置由政府主导转变为由市场决定。中国经济转型与经济体制改革互动促进。

一、中国经济转型与经济体制改革历程回顾

1995 年，中国在制定“九五”计划时提出，推动实现经济转型，是要改变经济发展方式，由主要依靠投资转到主要依靠效率提高来实现经济增长。2016 年，中国“十三五”规划纲要提出，“把握发展新特征，加快供给侧结构性改革力度，加快转变经济发展方式”，是要推动实现经济新常态下更高质量、更有效率、更加公平、更可持续的发展。“明者因时而变，知者随世而制”。20 多年间，中国经济转型的重点不断演变，但转型和改革一直都是推动经济发展的主题。

（一）中国经济转型的时间阶段特征

以重要的改革时点和中国经济发展面临的主要问题为依据，中国经济转型大致可划分以下几个阶段：

一是 1981—1998 年，确立社会主义市场经济目标模式，推动由计划经济向市场经济转轨改革，经济发展由计划指令向市场配置资源方式转变。这一时

期，中国经济面临的主要问题是短缺，为解决这一矛盾，推动由计划经济体制向市场经济体制的转轨改革，着力调动市场微观主体的积极性，解放和发展生产力。经济发展模式以量为主，依靠廉价的劳动力、自然资源的过度消耗、低水平模仿等来提升总产量。同时，设立一批沿海开放城市，大力吸引外资，发展出口导向型产业。

二是 1998—2008 年，加入 WTO，市场开放倒闭国内改革，中国与世界贸易规则开始融合。2003 年，《中共中央关于完善社会主义市场经济体制若干问题的决定》指出，要更大程度地发挥市场在资源配置中的基础性作用。这一时期，虽然市场在资源配置中的作用发挥越来越大，但市场经济仍带有鲜明的政府主导色彩，政府主导特征突出表现在：政府主导投资、政府主导产权制度和资源要素配置等。

三是 2008—2013 年，政府主导经济发展模式弊端日益暴露，转型发展和围绕转型进行改革日益迫切。2008 的世界金融危机，使得依赖出口来维持经济调整增长的传统粗放式发展模式受到挑战，导致政策着力点转向内需。中国实施了大规模的刺激政策来拉动需求，短期经济增长有所提高的同时，资源环境恶化、资本投入效率下降、劳动力等成本提高等因素使原有经济发展模式不可持续。政府主导和需求拉动的经济发展模式面临挑战，围绕推动经济转型发展的改革更加迫切。

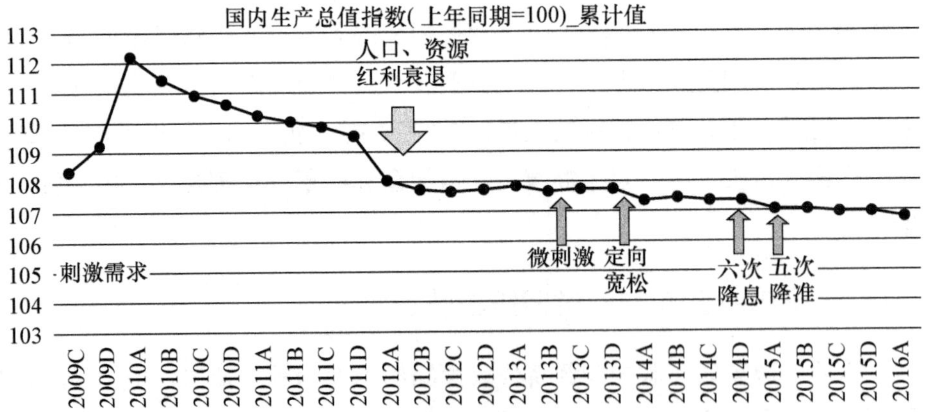

图 1　中国国内生产总值指数同比累计值变动情况

四是 2013 年以来，中国经济发展进入新常态，这也是“十三五”的阶段经济结构面临调整，经济增长特征，意味着经济增长速度从高速转为中高速，动力面临转换。需求端刺激政策的经济增长效应递减，需要通过全面深化改革推动经济转型，将经济增长主要依靠资源要素投入转变为主要依靠技术和制度创新。全面深化改革的重点是经济体制改革，而经济体制改革的核心是充分发挥市场在资源配置中的决定性作用和更好发挥政府作用。2015 年以来，在全面深化改革的基础上，针对经济转型中要解决的主要矛盾和问题，提出围绕提高经济发展质量和效益的目的，重点推进供给侧结构性改革。

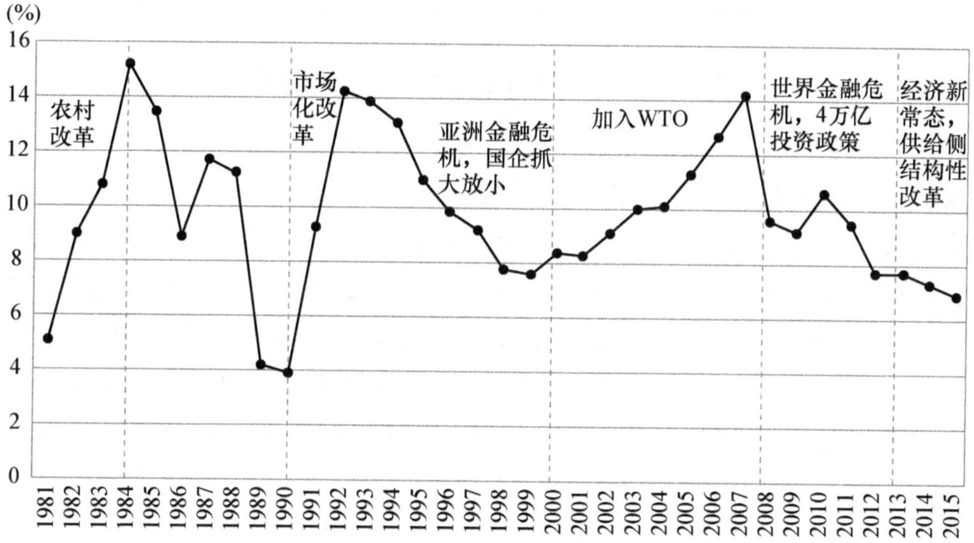

图 2　中国国内生产总值实际增长率变动情况

伴随着经济转型发展，中国经济总量不断增大，1978 年经济规模居世界第十；2010 年超过日本，成为世界第二大经济体；2014 年经济规模迈上 10 万亿美元台阶，中国 GDP 占全球的 12%，至今稳居世界第二。

（二）中国经济转型的空间特征

从空间上看，改革开放以来，中国大踏步发展的一个重要特点是对国际市场的充分有效利用。得益于西方国家黄金增长期释放出来的大量有效需求和中国供给能力的不断增强，中国在国际分工中扮演生产者角色。1980—2014 年，中国货物和服务净出口额年均增长率达到 29.94%。1986—2008 年，货物和服务净出口对 GDP 贡献率年均为 11.3%，2008 年之后迅速下降。

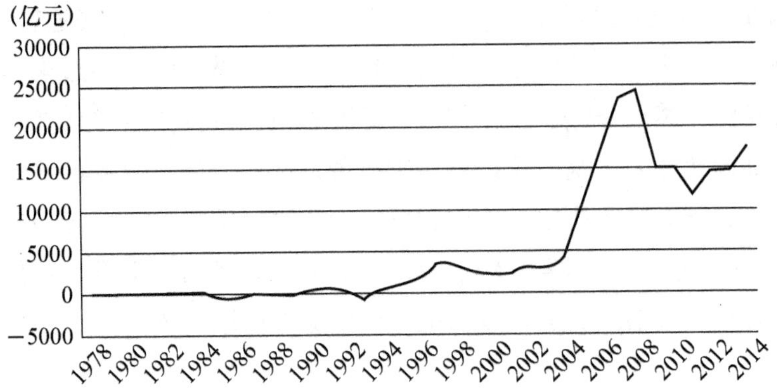

图 3　中国货物和服务净出口变动情况

2008 年以后，中国出口优势和参与国际产业分工模式面临挑战。西方发达国家经济结构深度调整，有效需求下降，以德国“工业 4.0”、美国“再工业化”战略、英国“工业 2050”等为代表的互联网技术和制造业技术紧密结合，在全球范围内形成新一轮产业革命。一些中高端制造业在创新的基础上向发达国家回流，本土的进口替代效应增强，替代部分跨境贸易和投资，全球贸易增速已持续低于世界经济增速。有关国际组织预测未来 5 年全球经济增长率将保持在 3.5%左右，难以恢复到国际金融危机前 5% 左右的增长

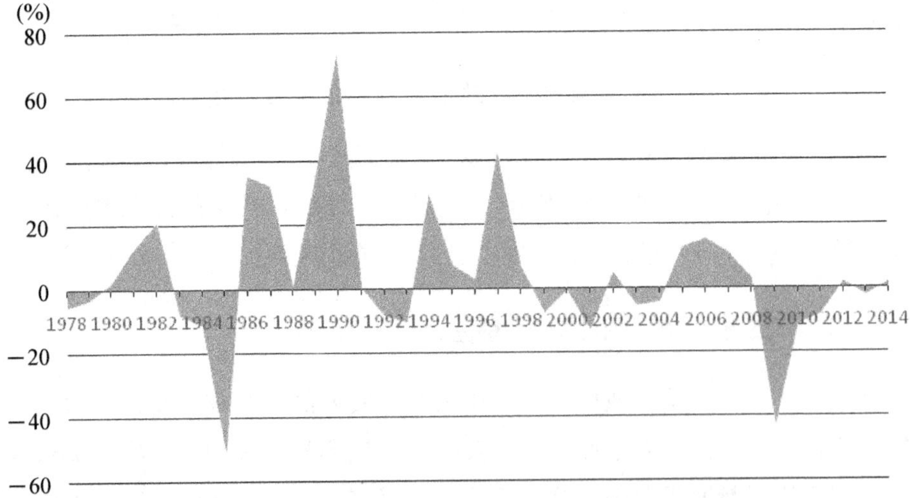

图 4　中国货物和服务净出口对 GDP 增长贡献率

速度。全球贸易增速甚至可能陷入持续低迷的状态。同时，国际规则体系面临深刻变革，东盟等其他发展中国家积极参与分工，导致中国出口需求增速放缓。

从未来趋势看，中国很难通过出口来拉动经济增长。中国钢铁、水泥、化工等传统产业与相关产品的产能是在世界经济增长黄金期面向外需以及国内高速增长阶段形成的，在应对国际金融危机冲击中一些产能又有所扩大，在国际市场增长放缓的情况下，产业技术水平与产品标准难以适应转型升级的要求，出现产能过剩问题。而先进制造业、信息产业、生物医药、新能源等新兴产业发展处于起步阶段，无法支撑经济的快速发展。有关研究显示，货物出口占世界总额的比重达到10％左右时，会出现增长拐点，增速开始下降。中国从1％增长到2014年的12.13％，维持出口高增长几乎不可能。美国出口份额最高时达到12.8％，发生在1999年；德国出口份额最高时达到11.8％，发生在1990年；日本出口份额最高时达到9.8％，发生在1993年。

对此，要清醒认识到，改革开放以来至2008年前，中国出口导向型制造业是经济最具活力的行业，中国增长和繁荣通常源于出口。但这一浅显的分析引出了中国出口增长背后驱动力的问题：是世界的需求还是中国供应全球市场能力的增长？几乎不可能是前者，因为世界需求增长低于中国出口的1/4。相反，中国出口增长是受中国供应出口能力增长的驱动，而能力增长则是受投资增长的驱动。投资提升使得资本累积增加，同样促使科技进步和就业增长。可以说，没有投资就没有长期增长。中国出口减弱其中有世界需求疲软和发达国家制造业回流、欠发达国家积极参与竞争的原因，更重要的是中国国内内在的劳动力成本上升、资源环境压力增大导致低成本竞争优势缺失的问题，因此，推动经济转型发展是问题倒逼、必经关口，也是大势所趋、形势使然。在全球消费低迷的大背景下，适度扩大包括投资在内的需求增长是中国的一项基本国策，必须长期坚持。

（三）中国经济转型中的政府和市场关系：中国模式讨论

中国经济快速发展离不开政府的积极作用，学术界从经济转型中的政府和市场关系等角度总结推动中国经济发展的“中国模式”，其主要特征是“政府主导＋分权竞争”，认为这种模式在推动经济发展上有其独特的优势。对“中国模式”的讨论，以中国经济发展模式亟待转型的结论收场。关于如何转型，学术界形成了两大观点，一种观点主张政府应该通过合理的产业政策积极推动产业升级、技术创新和经济结构的变迁，认为在一定条件下违背市场机制的政府干预是有益的，最终会推动经济增长；另一种观点认为在发展中国家的超越阶段，政府干预不可或缺，发展水平越接近发达国家，政府作用的余地就越小，中国现阶段更需要的是政府退出对产业发展等的干预。

政府和市场作用的摆动和反复。学术研究和各国实践经验均表明，市场机制对于经济发展不可或缺，是最为有效的资源配置手段，但关于政府的作用，则存在很大的争议。主流经济学对政府作用的认识不断变化，以至于诺贝尔经济学奖获得者诺思也不能给予明确答复，他在多部论著中指出“国家的创立和运行是经济增长的基本先决条件，但在很多情况下，国家也是经济下滑的原因”。学术界对政府作用的认识大致经历了三个阶段：一是从“凯恩斯主义”到“新自由主义”。二战之后，政府角色和行为都出现了急剧的扩张，形成所谓“凯恩斯共识”。20 世纪 70 年代中期，滞胀问题出现，政府角色受到怀疑，经济自由化观点成为主流。20 世纪 80 年代的英国撒切尔和美国里根政府的市场化改革，形成所谓的“华盛顿共识”。二是从“新自由主义”到“发展型政府理论”。20 世纪 90 年代后期，以“华盛顿共识”来指导改革的一些国家陆续出现经济危机，而东亚若干经济体通过充分发挥政府作用形成“东亚奇迹”。“发展型政府”理论基于对政府作用的肯定，认为政府拥有强烈发展意愿，有能力自主制订发展战略，并通过产业政策的实施推动产业成长和经济发展。三是发展型政府的新发展与“中国模式”。日本泡沫经济崩溃以及亚洲金融危机爆发使“东亚奇迹”的光环暗淡下来，然而，发展型政府的研究案例从东亚不断扩展，中国日益成为各方研究的关注点，“中国模式”争论也在国内学术界兴起。

中国全面深化改革的新要求：在市场决定作用下更好发挥政府作用。中国经济社会迅猛发展离不开政府的积极作用，“政府主导＋分权竞争”的模式在推动经济发展上有其独特的优势，然而，政府主导的经济发展模式与市场决定配置资源机制是冲突的，形成了多方面的结构失衡，主要表现，一是经济发展不平衡、不协调、不可持续，产能过剩矛盾趋于突出，生产要素成本不断上升，企业的创新能力不足，资源要素供需不匹配，长期聚集的货币与财政风险增大，资源环境的约束持续强化；二是经济与社会发展不协调。政府在社会事业和社会产业发展中的职能界定不清，分配不公、就业不公和教育不公等问题凸显。面对这些新的问题和挑战，现有的政府主导的经济社会发展模式难以持续。2013年，党的十八届三中全会对经济体制改革进行了顶层设计部署，明确提出要充分发挥市场在资源配置中的决定性作用，积极推动市场化改革，同时，更好发挥政府作用。2017年，党的十九大报告再次强调，充分发挥市场在资源配置中的决定性作用，更好发挥政府作用。

二、“十三五”规划推进的中国经济转型

（一）“十三五”规划的发展理念和主要任务

“十三五”新发展理念：创新、协调、绿色、开放、共享。经济依然要保持一定的增速，但要更加注重可持续性和包容性，使每个百分点的经济增长包含更高的科技含量、更大的就业容量和更好的生态质量。

1. 需求结构转型

改革开放以来，中国需求结构呈现投资率、净出口率提高、消费率降低和投资、消费贡献率高、净出口贡献率低的双“两高一低”特征。但近年来，中国投资和消费结构正在发生转变。从“十三五”时期来看，投资率下降、消费率上升的趋势将日益明显。全球化进程将使投资率下降，发展阶段转变将推动内外投资结构变化，中国将从商品输出更多转向资本输出，海外投资将逐步增加，国内投资增长将会下降。人口抚养比趋势性上升将推动消费率上升和投资率下降，将导致社会储蓄率下降，带来有利于消费而非投资的结果。

“十三五”时期中国需求结构转型的主要任务是，发挥投资的关键性作用，消费的基础性作用，出口的促进性作用。政策重点并非解决需求结构问题，而是升级投资和消费内部结构。投资结构重在解决部分领域重复建设严重、部分领域投资不足形成短板的问题。消费结构重在解决不断提高居民的消费水平，满足多层次、多元化、个性化、体验式消费需求的问题，充分挖掘居民消费潜力。

2. 供给结构的转型

主要从产业结构来分析供给结构。中国产业结构变化有两个明显阶段：一是20世纪末一产比重出现明显下降而同期二、三产业比重明显上升；二是近年来服务业增长比重开始先于工业比重。2006年中国工业增加值占GDP比重为42.2%，达到改革开放以来的峰值，其后逐步下降，到2013年跌至37%，服务业比重则上升到46.2%，2013年首次超过第二产业。按国际规律，由于服务业，尤其是生活性服务业的全要素生产率提高速率往往慢于工业部门，同时，由于服务业价格增长相对工业品价格上涨较快一些，会诱导劳动力转向服务业部门，这就预示着中国经济增长的总体速度也将减缓。

“十三五”时期供给结构转型的主要任务是，低端和过剩产业产能退出；二产内部升级，加快制造业品牌建设；服务产业兴起，尤其是研发设计等生产性服务业、互联网信息服务业、旅游产业、文化产业、生命健康产业、养老产业、现代金融业、现代物流业等将成为新的经济增长点。

3. 要素驱动结构转型

改革开放以来，中国经济成长主要依靠资源和低成本劳动力等要素投入。近年来，资源要素制约严峻，劳动力成本较快上升，倒逼中国经济发展向更多依靠人力资本、科技和制度创新转变。

“十三五”时期要素驱动结构转型：一靠充分发挥人的作用，尤其是激发科技人才、党政干部和企业家的积极性；二靠科技创新，特别是技术创新对经济发展的直接推动力，要发挥科技创新在全面创新中的引领作用，加强基础研究，强化原始创新、集成创新和引进消化吸收再创新；三靠制度创新，全面深入改革，增加有效制度供给，发挥制度创新的经济长期可持续增长效应。

(二)“十三五”规划的主线是供给侧结构性改革

供给侧结构性改革是从提高供给质量出发，用改革的办法推进结构调整，矫正要素配置扭曲，扩大有效供给，提高供给结构对需求变化的适应性和灵活性，提高全要素生产率，更好满足广大人民群众的需要，促进经济社会持续健康发展。

1. 中国推动供给侧改革有明确的理念、清晰的思路，还有具体的任务

明确的理念实际就是“创新、协调、绿色、开放、共享”，清晰的思路实际就是五大政策："宏观政策要稳，产业政策要准，微观政策要活，改革政策要实，社会政策要托底"。具体任务，当前的重点任务就是五大项："去产能、去库存、去杠杆、降成本、补短板"。中期的任务是培育战略性新兴产业，促进产业结构升级。长远的核心目标是解决供需不匹配问题，推动供给结构优化调整，增加有效优质供给，剔除无效低质供给，增强供给对有效需求的适应性和灵活性，通过改革推动市场决定性作用发挥和更好发挥政府作用，提高全要素生产率，根本是要将生产目的聚焦于为人民需要而生产。因此，既不能将中国供给侧结构性改革的任务等同于"三去一降一补"，也不能因为要实现中长期任务就放缓放松近期任务的进度要求，而应在完成当前任务的同时，更多着眼于中长期，着眼于体制机制建设，维护良好的市场环境，培育市场信心，形成经济社会发展的良性循环。当前，完成五大任务，需要调既有存量、改造提升传统动能，扩大有效增量、培育发展新动能，增强持续增长动力。

2. 推进供给侧结构性改革必须依靠全面深化改革

供给侧结构性改革重点任务的实现都需要通过改革的方式，都依靠全面深化改革。比如，去产能和去杠杆都依靠深化国有企业改革。当前，中国总的借贷等债务和GDP的比重，特别是企业部门借贷等债务占GDP的比重偏高。按照国际清算银行（BIS）的估计，到2015年第二季度末，中国的非金融企业债务占GDP的比重超过160%，这样的水平显著高于欧洲和日本将近110%的水平，更远远高于美国和 英国大约70%左右的水平。即使在新兴市场国家，中国的企业债务率也明显高于印度（50.1%）、巴西（75%）和俄罗斯（57%）的水平。纵向比较来看，中国的非金融企业债务占GDP的比重从2008年的98.7%上升至2015年第二季度末的163.1%，上升的幅度也十分迅速。中国的企业债务集中在传统行业，同时国有企业的债务问题更加严重。IMF的一项研究表明，在研究的国有企业样本中，如果以总债务除以净资产为杠杆率指标，第90百分位的国有企业的杠杆率在全球金融危机后不断上升，并在近年达到接近350%的水平，而比较来看，中位数国有企业的杠杆率仅为100%左右。因此，去杠杆就是要推动国有企业改革。

然而，国企改革的进展却相对较慢，现行国企改革主要表现在大规模的国企合并和人事制度改革上，对于改革化解行政垄断和改变国企资产管理模式的疑惑不少。事实上，在当前供给侧结构性改革的背景下推进"去产能"，是给予国企改革一个重要的“抓手”。国企改革的核心是产权制度。2016 年，深化经济体制改革重点工作任务提出要“推进股权多元化改革”，抓住了国企改革的关键，下一步的主要任务是体现改革政治决心的落实。

（三）“十三五”规划的主要重点工程建设

一是建设新标准农田。以粮食主产区为重点，优先建设确保口粮安全的高标准农田，开展农田灌排设施、输配电设施和土壤改良等田间工程建设，确保建成高标准农田 8 亿亩、力争 10 亿亩。实施耕地质量等级评定与监测工程。

二是推动以人为核心的新型城镇化发展。推进 1 亿左右农业转移人口和其他常住人口在城镇落户。加快推进约 1 亿人居住的棚户区和城中村改造。依托中西部地区城市群，以中小城市为重点，以县城和重点镇为支撑，引导约 1 亿人在中西部地区就近城镇化。

三是全面深度覆盖互联网。建设高速大容量光通信传输系统，实施宽带乡村和中西部地区中小城市基础网络完善工程，扩容互联网国际出入口带宽。部署第四代移动通信（4G）及后续演进技术，在有需求的区域实现全面深度覆盖。

四是实施新能源汽车推广计划。鼓励城市公交和出租汽车使用新能源汽车。大力发展纯电动汽车和插电式混合动力汽车，重点突破动力电池能量密度、高低温适应性等关键技术，建设标准统一、兼容互通的充电基础设施服务网络，完善持续支持的政策体系，全国新能源汽车累计产销量达到 500 万辆。

五是加强城市公用基础设施建设。以城市新区、各类园区、成片开发区域为重点，结合旧城更新和地下空间开发等，推进干线、支线综合管廊建设。实施城市供水、污水、雨水、燃气、供热等地下管网建设改造和城市电网、通信网络等架空线入地工程。

六是强化城市交通基础设施建设。加快完善高速铁路网，贯通哈尔滨至北京至香港（澳门）、连云港至乌鲁木齐、上海至昆明高速铁路通道，建设北京至香港（台北）、呼和浩特至南宁等高速铁路通道，拓展区域连接线。高速铁路营业里程达到 3 万公里，覆盖 80%以上的大城市。

七是严防金融风险。打破隐性担保和刚性兑付，依法处置信用违约。发挥存款保险制度作用，完善问题金融机构市场化处置和退出机制。探索建立集体诉讼制度，强化金融犯罪处罚，严厉打击非法集资。

八是江河湖泊水环境治理。加强黑龙江、松花江、嫩江干流防洪，长江中下游河势控制，黄河下游堤防建设和上中游河道治理，新一轮治淮和治太骨干水利工程，蓄滞洪区安全建设等，加快叶尔羌河等中小河流治理，基本完成流域面积 3000 平方公里及以上的 244 条重要河流治理。

九是加速雾霾治理。以京津冀及周边地区、长三角、珠三角、东北地区为重点，控制区域煤炭消费总量，推进重点城市“煤改气”工程，新增用气 450 亿立方米，替代燃煤锅炉 18.9 万蒸吨。加快淘汰黄标车和老旧车辆，实施国Ⅵ排放标准和相应油品标准。

十是在全国建成一批技能大师工作室、1200 个高技能人才培训基地，培养 1000 万名高技能人才。

三、“十三五”时期中韩合作前景广阔

（一）中韩两国经济转型面临很多共同问题

中韩经济转型有很多相似之处，且中国经济转型兼具韩国 1992—1997 年和 2008 年至今的两次经济转型的特点，使得韩国成为中国经济转型可借鉴的样本。一是中国目前面临的经济转型与韩国 1992—1997 年第一次转型期的主要经济特征非常相似。例如：韩国 1992—1997 年投资率也较高，约为 40%左右，转型期投资率和出口均呈现下降态势；第三产业占比接近并将超过 50%；人口老龄化加速发展等。二是中韩面临很多共同的转型问题。如双方都面临高增长时代的结束，出口需求下降但国内消费仍不振，第三产业超过 50%后新产业发展方向、环境污染、社会腐败以及不平等现象。三是中韩经济转型的方向和理念相似。总体来看经济转型的主线都是要改变政府主导的经济发展模式，重估政府与市场的关系，“东亚奇迹”或“中国模式”缔造的发展型政府也需要新的发展，政府要更好地顺市场的势来发挥作用。经济转型的方向都是促进消费增长、发展创新经济、从国家中心向民生中心倾斜。经济转型的目标都是经济的可持续增长和国民幸福健康水平提升。四是中韩强调共同的重点领域经济改革。相比第二次转型提到的四大改革，中国经济体制改革与韩国第一次转型的改革重点更相似，包括：政府简政放权、建立公平竞争市场、培育多元市

场主体、推动金融市场化和国际化等，改革领域都是释放市场微观主体活力的供给侧改革。

(二)“十三五”时期中韩合作重点领域

当今全球经济一体化日趋明显，寻找各方利益交汇处实现合作共赢已成为主流。

1. 制造业转型升级

2015年，韩国贸易顺差主要来自中国、中国香港和美国，其中来自中国的贸易顺差为469亿美元，占顺差总额的51.91%。分商品看：韩国主要出口商品是机电产品、运输设备和贱金属及制品；主要进口商品是机电产品、矿产品和贱金属及制品。机电产品和化工产品在中韩贸易中占据主要位置，既有进口又有出口，说明这两种产品在中韩贸易中存在明显的产业内贸易现象。中韩的这种产业内贸易现象说明中韩是垂直型产业内贸易，具有较大的合作空间。

对比中国已制订并实施的“中国制造2025”战略与韩国制造业创新3.0战略，总结两国共同合作领域：一是新兴产业的合作，实现双向投资。在软件和信息技术、电子商务、新能源汽车、工业机器人、智慧城市、医疗保健等新兴领域深化务实合作。二是开辟第三方市场。中韩共同在智慧城市、信息通讯、钢铁、造船、高铁、电信、石化、航空等领域共同开辟第三方市场。三是积极开展产业和技术国际合作，加强5G移动通信、新能源汽车等领域标准制定的国际合作，积极推动地面数字电视、移动通信标准的海外推广应用。创造条件在新一代信息技术等领域的重大国际科技项目中发挥更加重要的作用，共同加强与目标国家的互利合作。

2. 共同深入推进服务业发展

一是共同扩大服务业市场准入，有序扩大包括金融保险、贸易、物流、信息服务、商务服务等生产性服务业对外开放，促进生产性服务业与制造业有机融合。进一步扩大医疗、教育、旅游、养老等生活服务业对外开放，继续满足两国国民日益增长的消费需求。共同推动外商投资准入前国民待遇加负面清单管理模式实施。二是共同建立一批体制机制环境比较成熟的服务外包产业园区，促进形成产业集聚中心。三是以信息技术为支持，将现代服务业由生产向生活全方位发展，以电脑多媒体、数字化视听设备和互联网作为新型服务业发展的载体，培育新的服务业核心增长点。

3. 企业走出去的商业模式和战略配合机制

韩国企业早在20世纪80年代就从纯商业角度出发开拓国际市场，政府在其中不发挥任何作用，韩国企业运作大项目的商业模式和大企业间战略配合机制都较为完善。近年来，中国企业境外投资增速不断提高，迫切需要完善的市场化模式来引导。中韩两国可以强化商业模式合作和战略上的配合，避免两国大企业间的恶性竞争，实现互利双赢。

4. 国家对外经济合作的市场模式

与“欧亚倡议”对接，与韩国共同制定合作规划。创新中国的亚洲基础设施投资银行和丝路基金的具体运作模式，改变政府与政府间对接模式，吸引更多的中国和韩国企业主体参与，使用更成熟的市场机制来运作。

5. 中小企业精准扶持政策交流

中小企业发展仍面临很多问题，各项政策扶持应进一步精准落地。例如，强化两国在扶持中小企业政策上的交流，重点包括在融资支持、税收优惠、创新激励政策、政府服务机构设置等方面。例如，完善中小企业的信用担保机制，政府基金支持的市场化运作的中小企业担保和再担保机构运作机制；产业银行和中小企业银行对中小企业的支持政策；降低企业成本方面，对于小微企业可实行较低的税收优惠或减免。

（三）进一步完善中韩合作体制机制

在1999年中韩经济部长会议机制基础上，2016年中韩陆续达成了《关于第十四次中韩经济部长会议的成果文件》、《关于加强“网上丝绸之路”建设合作的谅解备忘录》、《关于中韩创业与创业投资合作谅解备忘录》，合作体制机制不断完善。下一步需要进一步落实两国首脑和政府高层共识，促进战略对接；放大部长会议平台效应，推动两国经济技术务实合作；深化两国城市间对点合作，促进地域发展。

张璐琴，中国国家发展和改革委员会经济体制与管理研究所研究室副主任

中韩两国ICT发展现状对比和紧密协作之启示[①]

金星玉

一、ICT模式变化与中国发展

中国ICT（Information and Communication Technology，信息通信技术）产业正围绕着智能手机大踏步向前发展，且已然登上ICT产业强国舞台。特别是中国三大IT企业（百度、阿里巴巴、腾讯）不仅瓜分了巨大的内需市场，近来又以雄厚资金实力积极开拓海外M&A（企业兼并和收购），在不断吸收先进技术力量的同时跃升跨国企业行列。华为和小米等中国生产商不断向市场推出质优价廉的产品扩充市场份额，又通过R&D扩大投资，把眼光瞄上了高端市场。比如小米推出的性能类似三星盖世S5（售价约90万韩元）的高端智能手机Mi4（售价约33万韩元），在价格方面极具竞争力，对韩国企业不得不说是一大打击。出现这种现象，其结果不单纯只是凭借中国制造技术，近来ICT行业已经开始向制造和服务融合转向，移动市场竞争要素也转到了“技术变化—配置变化—价格竞争—技术变化”的循环结构[②]（见表1)。이규복(2014)指出，移动市场竞争要素是技术变化、配置竞争、价格竞争，各自的核心竞争要素是技术应对能力、外观设计以及生产竞争力、成本结构和生产规模。[③]

一个循环周期通常由先于适应技术需求变化的领先企业开启，并创造极大收益。而后发企业虽然持续亏损却不断追击先发企业技术水平，同时技术水平不相上下的企业之间出现配置竞争。待这一阶段结束后会加深类似技术和配置的企业之间的价格竞争。随后，先发企业收益开始下滑，后发企业猛然追击，促使技术进化到新一阶段，再次循环技术变化—配置竞争—价格竞争的周期。

---

① 本稿基于金星玉（2015）研究分析内容。

②③ 이규복(2014)，p.23。

表 1　移动市场竞争结构变化

竞争要素变化	技术变化	配置竞争	价格竞争
核心竞争要素	技术应对能力	外观设计、制造竞争力	成本结构、生产规模
产业收益性	先发企业极大提高， 后发企业持续亏损	收益下滑达到均衡	上游企业盈利 其他亏损
第 1 个周期	移动手机上市 （1990—1992 年）	手机小型化 （1992—1994 年）	模拟价格下滑 （1994—1996 年）
Winner & Loser	摩托罗拉垄断时期		w：诺基亚 L：摩托罗拉、爱立信
第 2 个周期	转入数字型 （1996—2000 年）	拍照手机、折叠手机 （2000—2002 年）	手机单价下调 （2003—2005 年）
Winner & Loser	W：三星、LG L：摩托罗拉	W：三星、LG L：诺基亚、西门子	W：诺基亚 L：其他
第 3 个周期	转入 3G （2006—2007 年）	触摸屏 （2007—2008 年）	功能手机价格下调 （2008—2009 年）
Winner & Loser	W：三星、LG L：摩托罗拉	W：LG L：诺基亚	W：诺基亚、中国低端企业 L：其他
第 4 个周期	应用商店、市场扩大 （2008—2010 年）	配置、价格竞争 （2011—　）	可穿戴设备上市 （2014—　）
Winner & Loser	W：苹果、MOT L：LG、诺基亚	W：苹果、三星 L：诺基亚	—

资料来源：이규복（2014），p. 23。

并且，每个循环周期的每一阶段都会出现追击者和下滑者，以移动市场为例，移动手机上市、转数字、转 3G、应用商店和移动市场的扩大是带动每个循环周期的转换点，每个时期均可见 winner 和 loser 出现鲜明对比的状况。这种市场竞争结构变化对中韩两国而言均是一次次机遇之窗。首次于全世界实现 CDMA 手机商用化（技术中心）的是韩国，通过欧洲型 GSM 手机技术开发推行主要出口商品化，手机产业以此不断发展壮大。这样就形成了以技术力量为中心的产业，在坚持开发所需部件的同时，不断提高了部件自给能力，在构建世界最佳 ICT 基础设施的同时打下了产业基础，引导了移动产业的快速发展。①

① 이규복（2014），p. 16。

中国的发展过程略有不同，中国的移动产业始于成为世界手机先进企业的生产基地（大量生产为主），基于大规模量产技术OEM掌握了移动手机生产技术。2009年以后，中国基于上述外协结构，开始了自主品牌手机的生产。

最初，中国品牌的设计和部件技术力量在单纯组装OEM的模仿局限下一直处于低端，大部分部件仍需从海外进口，技术开发能力较韩国存在差距，近来随着手机技术的普遍化以及模块化趋势，竞争力不断提高。[①] 后起之秀开始追赶技术，生产技术均衡化，出现部件通用化、生产模块化现象，所有企业都能生产高配置产品的时候，人们开始关注所谓“最佳性价比”产品，中国的ICT产品开始走向了胜利者的舞台。

而且，在有待进一步开拓的可穿戴设备市场，中国技术的追赶更加猛烈。该领域目前还未出现拥有巩固技术力量和地位的先驱，而中国在制造业中保持的价格竞争力是优先抢占市场的竞争要素。尤其在5G、云技术、大数据、IoT等下一代技术为主要转换点，全球模式将再次经历新转变的时期，中国在同样没有先驱者的ICT模式下会带来怎样影响，这点有待我们进一步关注和考察。

二、中韩ICT生态环境的变化与发展

（一）中韩移动手机生产的生态环境

对比手机生产行业结构，韩国呈现的是大型企业主导的手机生产商带动部件企业和技术发展的结构，新部件开发紧跟天线、相机模块、触摸感应器、多媒体处理器等手机生产商的技术战略开展，以大型企业为基点拥有纵向产业生态环境。也就是说，韩国境内的大部分部件、材料、软件企业的功能是为大型企业供应设备的配套即外协企业。目前，韩国有约40余家移动设备生产相关企业（三星、LG以及其他OEM中坚企业），有约900余家手机部件供应企业组成了一、二次销售商[②]。比如，LG智能手机的生产由LG显示器、LG InnoTech、LG化学的IT部件/材料公司、LG u Plus通信公司等

①② 이규복 (2014)，p. 16。

相关产业以子公司方式垂直系列化衔接，各个公司再由外协企业提供所需部件。

而中国的程式略有差异。首先，中国不像韩国有能够主导产业趋势的大型企业，各个企业均属独立生存。在多年以来充当手机生产基地的作用下，中国低配置部件供货企业也确保了一定规模和基本竞争力，一个企业往往从多个订货方接收订单，具备了响应不同需求的基本技术力量。进入2005年以后，在台湾资本和技术力量、中国低加工费基础上，开始出现具有竞争力的部件合资合作企业，实现了高配置部件的低价位生产，从而逐步扩大了出口业务。中国凭借多年生产基地的经验，不仅构建了稳定的部件采购体系，且除核心部件以外，中低端手机产品所需的普通部件均能在中国境内采购。

由于上述原因，中国手机行业生态环境相对韩国来讲可以说是横向的。著名移动设备开发与生产企业（华为、中兴、小米、联想、酷派、OPPO、魅族等）类型多于韩国，外围有富士康等移动设备OEM专业生产企业。所谓的山寨企业、白盒企业在回收利用原有手机或平板部件生产低端产品后，再组成小规模市场。其中部分企业在通用化部件和软件上将技术或设计略加改变后，作为自主品牌打入了市场，比如OPPO或金立、天语等在中国占据一定市场比重的中低端品牌，大部分是从OEM、白盒、克隆机企业发展起来的。金立推出自主品牌是在2011年，而早在2003年创建时是OEM公司。大部分中国企业在历经多年的OEM历史后才打造自主品牌，加入了市场竞争（例如天珑手机等）。

中国的自主品牌、OEM生产企业、白盒企业较为泛滥，他们在带动和搞活其所需不同配置和价位的部件供应市场的同时呈现了横向结构，且具有可攻打中低端到高端的各种形式市场和灵活应对变化的优势。此外，中国ICT企业拥有的内部灵活性，也是中国企业充分利用后发优势快速应对变化、捕获新机遇的特性之一。中国企业为了规避规定的不确定性、避免政府捕食、方便获得财政支持，通过采用混合所有制等方式，形成了一方面可以获得政府支持，另一方面可以针对各种状况应对和改变的组织形态。也就是说，为了减少正式、非正式的不确定性，中国企业组织采用了各种接近方法，而这种形式却成了创新的组织生态环境。这些企业运用可以补偿普通所有制下获利部分的资源和人力，同时发展了短期产品和服务模式，其结果就是柔性制造（Flexible Manufacturing）和可行的创新战略（Workable Innovation Strategy）。[①]

中国的ICT部件生产同样跟随全球ICT模式的变化，经历了一个飞跃阶段。如同苹果公司的生产基础较弱企业争取ICT行业控制力的过程，苹果公司的发展是横向分工结构，而不是原有的纵向综合模型，即寻找特定价值链的专业化企业，通过与其联合追求生产的横向分工模型。[②] 如前所述，中国ICT部件企业是其受惠者之一，目前正在为提高本国产终端内置部件的竞争力做出多方努力。中国的ICT生产企业正在形成从设计到部件、组装、生产、销售的“红色供应链（Red Supply Chain）”，多种行业的企业正在这一过程中不断发展壮大、趋于全球化。

（二） ICT新兴产业：融合互联网

除了生产工艺和生产生态环境变化带动的ICT产业生产模式变化以外，融合服务模式的变化同样为中国ICT企业的比肩全球竞争力提供了机遇之窗。所谓融合“事实上就是所有服务通过互联网网络或利用互联网衔接的计算资源提供的”，[③] 这种模式变化中最突出的程式就是平台竞争。中国对外资互联网企业实施出于保护主义的限制，不断提高准入门槛，从而培养了巨大内需市场为基础的大规模平台，其中最具代表性的例子就是BAT，即百度、阿里巴巴、腾讯等企业。关于这些企业的发展背景已经有了多项研究，本文不予过多论述。

关键是这些企业在强大平台基础上逐渐扩大基业过程中，基于融合的创新进展神速，其速度已经超越了韩国。임태훈（2012）指出，“通过扩大平台掌握互联网所必需的核心服务是，作为互联网门户的搜索、可谓互联网未来杀手级服务的广播节目和书籍等媒体内容的提供、空间（地图）与定位信息等各种信息服务、互联网社交化以及由此衍生的占领市场用SNS、支付结算服务、确保软件开发集团与提供新服务用PaaS及IaaS、广告平台与免费语音服务”等。[④] 百度在搜索基础上不断把服务拓展到大数据、智能设备；阿里巴巴和腾讯则在

① Breznitz & Murphree（2013）. p. 40.，金星玉（2015）。
② 김덕식（2010），p. 3.
③ 임태훈（2012），p. 4.
④ 同③，pp. 9—10。

中国相当普及的结算系统基础上努力搞活O2O服务；阿里巴巴还收购定位信息服务企业；各互联网企业向个人用户和开发者提供大容量云服务；阿里巴巴生产基于自身OS阿里云及以其为基础的智能手机和智能TV、机顶盒，最近又把业务扩展到了内容媒体行业，积极开拓Netflix为模型的OTT项目等，基于互联网的服务正处于快速发展。

中国已经拥有强大平台，以其平台为中心融合服务的可发展性很高。韩国除Kakao以外，所有结算服务以银行和发卡公司为中心进行，而中国的结算服务平台均通过互联网平台。百度生产了融合SW/HW的智能手表等可穿戴设备，2014年8月又联合北京市启动了百度云健康中心，正式踏进了e-health市场。① 百度进军e-health有两个方面的意义。首先，它是北京市政府推行的智能城市政策之一的祥云工程②计划的一个环节；其次，还在萌芽阶段的中国e-health产业将以百度这一互联网平台为中心开展。小米同样也属于此类。众所周知，小米自称是软件企业，而非生产企业，小米在构建基于自主OS的MIUI基础生态环境的同时，也生产智能手机以及可穿戴设备（MIBAND）、体重秤（MISCALE）、智能TV等多种设备。这些设备与小米自行开发的应用，即Mi-Fit联动，融合于小米自主的MIUI软件。

华为是中国最大的终端企业，表面上主攻通信设备和终端，但它其实还是中国最大软件企业。华为从2000年代中期即成为以销售额最大的中国软件企业，其2014年的软件销售额高达1500亿元。③ 多年来，华为倾力于软件开发和投资，拥有2000余名工程师规模的软件部门，该部门努力研发反映使用者经验（UX）的软件，还与MS等先进软件与互联网企业开展合作。除华为以外，中兴、海尔、浪潮、方正等，这些我们熟悉的生产企业都在软件企业前十位，这点也值得我们关注。

---

① 腾讯科技（2014.7.23），北京市政府联合百度发布健康云，http://tech.qq.com/a/20140723/062781.htm（访问日：2015.4.3）。

② 2010年10月，北京市发布“北京‘祥云工程’行动计划”，计划在2015年底前构建云基础的服务价值链。百度百科：祥云工程，http://baike.baidu.com/subview/5566134/5605585.htm（访问日：2015.11.23）。

③ 中国工业和信息化部（2015），2015年（第14届）中国软件业务收入前百家企业发展报告公布。

表2　中国软件业务收入前十大企业（万元）

排序	企业名称	SW销售额
1	华为公司	14817073
2	海尔集团	4080220
3	中兴通讯	4004552
4	浪潮集团	1364293
5	海信集团	1133763
6	南京南瑞	1042212
7	北大方正	959353
8	海康威视	851315
9	东软集团	779633
10	中国银联	756461

资料来源：工业和信息化部（2015）。

与此相反，韩国多年来以生产为主的生态环境拖延了进入全球ICT企业主导的平台竞争市场的时机。韩国一直由三星电子和LG电子两大生产企业主导韩国ICT发展，围绕该两大企业的制造业中心的纵向生态环境仍较牢固。这种情况下，韩国生产可穿戴设备的是三星和LG而不是互联网平台，走在e-health前面的也是三星电子和现有医院。中国的庞大平台关注技术和投资，而当前主导智能汽车发展的也不仅是汽车生产企业。① 韩国的融合生态环境发展依赖于ICT技术和生产而非平台和内容，没有聚焦于本应作为核心的内容和平台运营，居于中心地位的是可以装载的技术和产品。

比较当前韩国和中国的ICT生态环境，很多方面类似于欧洲和美国的差别。美国已经赶超了曾经基于诺基亚、爱立信等企业而称霸ICT行业的欧洲，正在打造苹果、谷歌等全新模式来主导ICT秩序。作为产业基础的制造业也很重要，但是，为了什么生产、产品应该包含哪些界面等问题和适宜模式的构建，脱离互联网企业的相互作用是无法实施的，新模式时代已经来临。

三、中韩ICT企业的发展现状

在这种模式下，中韩两国ICT企业的发展程度差距很大。从中韩两国最近

① 美国为苹果、谷歌，欧洲为BMW、奔驰等互联网企业-汽车生产商。

3 年销售额前十位企业来看，中国有生产企业、互联网大型企业、通信公司等各种企业，而韩国除了 KT 和 SK 电讯两家通信公司以外，均由三星和 LG 子公司组成。

表 3　中韩销售额前十位 ICT 企业（千美元）

公司名称	中国		韩国		
	销售额（2014 年）	CACR（2012—2014 年）	公司名称	销售额（2014 年）	CACR（2012—2014 年）
中兴通讯	12749808	−1.88%	三星电子	176546222	1.3%
长城电脑	11862558	−0.29%	LG 显示器	22650282	−5.1%
京东方	5761552	42.43%	KT	20052802	−0.78%
联想控股	45330490	N/A	SK 电讯	14695033	2.61%
中国通信服务	11451683	10.81%	SK 海力士	14662300	29.8%
中国联通	45159761	10.22%	LG U Plus	9417661	0.44%
腾讯	12352426	40.44%	三星 SDS	6761770	13.7%
中国电信	50765884	9.80%	三星电气	6116221	−0.05%
联想	6057454	16.11%	LG InnoTech	5536061	10.3%
百度	7676419	50.11%	三星 SDI	4686834	−2.61%

注：主要企业以 2014 年销售额和销售额增长率为基准筛选，并依 GICS 产业代码进行分类。未包括非上市企业的华为和 2015 年上市的阿里巴巴等企业。
资料来源：笔者于 Thomson Reuter 整理。

中国企业已经实现了相当高的销售额，还在继续高速增长。腾讯、百度的销售额增长率各自达到了 40%和 50%以上，京东方（BOE）的 3 年平均销售额增长率也在 40%以上，呈现高速增长。①

表 4　中韩 ICT 企业销售额增长率分布

3 年销售额增长率（2012—2014 年）	中国	韩国
100%以上	软件 6 家（奇虎、NQ、猎豹移动等）	4 家 互联网软件、软件 3 家 （eCredible、Neodian、Devsisters）
	技术硬件和设备 4 家 （天楹、东旭、欧菲光、信威）	技术硬件和设备 1 家 （Widwin Networks）*
	其他 4 家	其他 0 家

① 于 Thomson Reuter 数据库中整理。

续表

3年销售额增长率（2012—2014年）	中　国	韩　国
50%以上	28家 互联网、软件6家（网宿、顺网、汽车之家、百度、58同城、优酷土豆）IT服务2家、软件6家等	互联网软件、软件4家（TmaxSoft、SGA、e-tron、Alti-cast）
	技术硬件和设备6家 其他	技术硬件和设备、部件8家 其他1家
30%以上	70家	11家 互联网软件、软件3家 技术硬件设备部件6家 其他2家

注：2015年12月上市资格审查被停止交易，从主要企业分析对象中去除。
资料来源：笔者于Thomson Reuter整理。

按照销售额规模和销售额增长率重新分类，中国ICT企业中，2014年销售额达10亿美元以上的企业共有47家，其中增长100%以上企业有3家、50%以上企业3家、30%以上企业8家；5亿—10亿美元企业46家，其中增长100%以上1家、50%以上4家、30%以上8家；1亿—5亿美元企业194家，其中增长100%以上5家、30%以上40家、50%以上11家。韩国2014年销售额达到10亿美元以上的企业有15家，其中销售额增长率最高的企业是创下18.1%的SK海力士，除了Naver、HUMAX以外，都是大型制造企业的子公司。5亿—10亿的13家企业中，没有增长率超出30%的企业，TOVIS为24%、相机模块企业Partron和TSP企业InterFlex分别创下21.95%和23.2%的较高水平增长。1亿—5亿美元的企业共有114家，其中最近3年的年均增长率在30%以上的企业有6家（DK UIL、SOLiD TECH、Display Tech、KAONMEDIA、ACE Tech等），50%以上企业6家（BLUECOM、Texcell-Net、GAMEVIL、Com2uS、Samwooems、MCNEX），没有销售额增长率在100%以上的企业。

韩国的销售额增长率相对中国整体较低，两国销售额规模在1亿—5亿美元的小型企业增长很快，韩国销售额规模在5亿—10亿美元的企业增长率

表 5　中韩 ICT 企业销售额及销售额增长率分布（家）

销售额增长率	10 亿美元以上		5 亿—10 亿美元		1 亿—5 亿美元	
	中	韩	中	韩	中	韩
100%以上	3	0	1	0	5	0
50%以上	3	0	4	0	11	6
30%以上	8	0	8	0	40	6
30%以下	33	15	33	13	138	102
企业总数量	47	15	46	13	194	114

尤其比中国缓慢。而且，如上所述，中国高速增长企业中互联网、软件企业占比大部分较高，而韩国整体来看除了游戏企业以外，由部件企业主导增长，但这些部件企业同样大部分都是三星电子和 LG 电子的外协企业，其销售额 80%—90%以上均从三星或 LG 产生，依赖程度很高。

需要关注的是中国互联网和软件企业的飞跃发展很好地反映了全球 ICT 模式的变化。已经成长为跨国巨头的百度、腾讯，虽然 2014 年的销售额分别创下了 76.5 亿美元和 124 亿美元，但其高增长势头仍然坚挺，且安保企业奇虎 360 或 OTT 企业 YY 等中坚、新生企业也在以惊人速度吞噬市场。这说明中国一方面负责全球生产线的生产企业继续飞跃，另一方面新兴领域互联网融合企业正在带动四次产业的各领域发展，带动中国 ICT 生态环境均衡发展，构建在软硬件结合的下一代模式中成为强者的基础。

表 6　百度、阿里巴巴、腾讯主导业务领域

	主导领域	产品与服务
百度	搜索	百度
	可穿戴	智能带、智能手表
	互联网金融	Baidu Wallet、Baifa、百度 xiaodai
	智能设备	智能 TV
	应用	Du App
	大数据	利用大数据的广告、分析服务
	O2O	百度配送
	智能汽车	无人驾驶事业部、长安、奇瑞、BMW
	人工智能（机器学习）	硅谷人工智能研究所
	机器人	度秘
	媒体	爱奇艺 PPS、爱奇艺影业

续表

	主导领域	产品与服务
阿里巴巴	电子商务	阿里巴巴网、淘宝、聚划算、天猫（Tmall）
	支付结算	支付宝
	互联网金融	余额宝
	手机 OS	阿里云
	大数据	参与电子商务的企业及消费者信息
	O2O	快的打车、饿了么（配送）
	智能设备	智能 TV、VR
	智能汽车	上海汽车、捷豹、路虎
	人工智能	量子计算机研究所（科技部）、小 Ai
	机器人	软件银行投资机器人产业
	媒体	阿里巴巴图片
腾讯	手机 SNS	微信（Wechat）
	支付结算	财付通（Tenpay）
	互联网金融	腾讯理财通
	手机游戏	微信游戏中心
	电子商务	京东、微市
	O2O	财付通、滴滴打车
	人工智能	智能运算搜索实验室
	机器人	Dream Writer
	媒体	腾讯视频、腾讯影业、企业影业

资料来源：金星玉（2016）。

四、中韩 ICT 合作的启示

（一）启示

中国企业处在量的提高到质的飞跃时期，这一时期刚好和全球 ICT 环境变化相吻合。随着技术的通用化和模块化以及技术转换的停滞，ICT 产业模式出现大的转变，基于价格竞争力细分的配置竞争成为 ICT 制造业竞争要素。相比制造业为中心的纵向生态环境，ICT 融合趋势针对能够快速开展灵活主动生产与服务以及软硬件融合的企业配备了快速发展的基础。这种状况下，拥有相对较低路径依赖性的中国 ICT 企业相比以制造业为中心形成纵向生态环境的韩国 ICT 企业，更能快速应对变化而发展成为全球强者。

进一步从微观分析，中国ICT企业以互联网、软件为中心快速发展，在智能设备需求增加以及中国政府大力扶持下，正在快速吸收和掌握技术力量，走向全球供应链的上游。相比之下，韩国企业的发展速度慢于中国，仍在承袭大型企业为主的发展路径，ICT融合或互联网服务领域发展缓慢，对大型企业的依赖度过高。

但是，中国的行业发展往往集中于政府政策大力扶持和落实的领域，其他领域则发展缓慢，这也是中国ICT生态环境的基本局限。① 即使政府提供基础，企业基于雄厚资本猛力开展技术追击，原有的技术差距也不可能立马缩短，这对韩国企业来说多少是个安慰。尤其显示器、半导体等行业更换生产线需要较长时间和较高成本，相当于给韩国留出了黄金时段。

韩国目前还很难从根本上摆脱大型企业塑造的以制造业为主的纵向秩序，中国却从监管空白状态开始了后发者超越，在新兴领域拥有更多尝试的余地。不仅如此，中国政府还推出了“中国制造2025”“互联网+”等各种战略规划，通过互联网和传统制造业的融合实现产业创新，极大提高生产效率，通过新技术创新产品和服务，以此努力创造新的需求和市场。围绕百度、阿里巴巴、腾讯等互联网大型企业，中国正在探索大数据、物联网、云服务以及智能汽车、人工智能、机器人等技术的商业模式。特别是在新常态（New Normal）时代通过创新寻求产业和经济的全盘结构转型。从提高生产效率和经济增长率的政策力度来看，中国通过互联网企业构建创新平台、开发创新技术的商业化实验还会进一步加快。在没有绝对强者的全球新兴产业领域，中国上述政策还会创造更多开发新技术和商业化实验的空间和需求，成为中国互联网企业快速发展和抢占市场、稳固地位的推手。在此过程中，中国ICT企业的飞跃将会与政府政策同步，成为主导未来产业的技术中心，这点值得我们继续关注。

（二）中韩共同发展方案

在这种背景下，中韩两国ICT产业怎样才能实现共同发展？中国对融合产

① 比如，中国政府开始对平板显示屏实施扶持政策后，显示器产量大幅增长，内需市场竞争愈演愈烈。中国平板企业CPT Technology在2012—2014年创下了高达50%的销售额增长率，但于2015年9月因显示器平板供大于求导致财务状况恶化。该企业因为没能及时更换低端显示器生产线，进入了衰退过程。

业的政策支持和在互联网、软件领域的快速发展，如果与大型生产企业为主的韩国 ICT 产业形成互补关系，将在快速变化的创新模式下，不断引进创新和实验，联合应对环境变化，同时实现双边发展。

第一，需要结合两国新兴 ICT 领域的优势实现共同发展。中韩两国在谷歌和苹果等主导的全球 ICT 模式下既不是强者也不是先发者，而且谷歌和苹果等主导的 ICT 生态环境创新技术和全新服务日新月异，不断有新的强者登台又被淘汰。可以说，当前的全球 ICT 市场即没有绝对的强者，也没有绝对的弱者。因此，中韩两国有必要结合各自优势构建后发者同盟，实现共同发展。“互联网+”和“中国制造 2025”等战略，与韩国未来战略产业有相当一部分的重合内容，主要是大数据、云服务、IoT 基础设施和服务、智能汽车、健康护理、智能生产等融合产业。对此，有必要持续分析当前正在推行或即将推行的中国产业政策基调和特定产业扶持政策相关企业的动向、全球化转移、威胁与机遇因素，在需要竞争的领域继续角逐，同时以双方均处于追赶阶段的新兴融合行业为中心细化分析和寻找互补点，共同加强全球竞争力。这一过程需要推进韩国技术企业和中国大型企业、地方政府项目等的匹配，构建一个创造协同效应的协作分工架构。

第二，有必要达成与“红色供应链”共生、共存同时占领优势的共生方案。考虑到中国经济放缓及其对本国产部件的支持政策，对对华出口依赖度很高的韩国半导体、通信设备、显示器产业来说会是一个打击，但中国的终端、互联网软件、平台发展对韩国部件企业、软件企业、内容与应用企业将会是一个机遇。中国的技术发展速度比韩国更快，但目前为止仍存在一定差距。对大型企业依赖度较高的韩国企业即使具备了充足技术力量和经营思维，也因有限的内需市场很容易在内部生态环境中被淘汰。如果与相关行业中国企业构建技术转让或专利使用权转让、JV 等协作分工形式，不仅可以提高中国的技术力量，还可以扩大韩国的市场，从而实现双赢。这一过程中，韩国与中国企业合作可以加强中国与全球市场的链接，减低韩国企业对本国大型企业的依赖程度，多元化全球客户层，因此，韩国应重点关注这些机遇，积极开展与中国企业的合作。

金星玉，韩国信息通信政策研究院（KISDI）副研究委员

参考文献

[1] 金星玉等. 中韩ICT企业进军海外方式的对比与启示[R]. 信息通信政策研究院（KISDI），2015.

[2] 金星玉. 中国未来产业的主角：BAT[J]. CSF焦点分析，2016(5).

[3] 이규복. 中国ICT技术与市场动态（移动设备为中心）[C]. 中国ICT企业的动态和韩国课题研讨会，2014.8.18.

[4] Breznitz D, Murphree M. China's Run-Economic Growth, policy 2013.

[5] 工业和信息化部. 2015年（第14届）中国软件业务收入前百家企业发展报告，2015.

[6] Thomson Reuter 数据库.

中韩FTA签署背景下产业合作的现状、趋势与对策

姜　江

2014年11月，中韩双方共同确认自由贸易协定（Free Trade Agreement，以下简称FTA）结束实质性谈判，标志着产业合作发展进入新时代。值得关注的是，中韩FTA签署至今，各界普遍反映双方贸易、产业、科技合作没有迅速呈现预期的“蜜月期”高增长，尽管出现了诸如“中国资金＋韩国技术”、共建跨境产业园等一些新型的合作模式，但表征传统经贸合作方式的货物进出口、直接投资等指标均有一定幅度下滑。可以判断，中韩经贸合作方式正在经历转折。应及时把握新形势下中韩产业合作的新趋势，明确双方产业合作的思路、模式并提出政策建议。

一、中韩双边经贸合作正处于由传统合作模式向新型合作模式发展的转折期

历经30余年的经贸合作发展，中韩已互为最重要的贸易伙伴之一。中国商务部有关数据显示，2004年7月起，中国超过美国成为韩国的第一大贸易伙伴，中韩双边贸易额在韩国外贸总额中的比重超过两成；同期，韩国是中国第四大贸易伙伴和出口市场，第三大进口来源地。之后的10年，双边贸易、投资额持续稳定增长。2012年，中韩贸易总额达到2563.2亿美元，同比增长4.4%；2013年，中韩双边贸易额达到2742.5亿美元，同比增长6.99%，相当于韩美、韩日贸易额总和；2014年，中韩贸易额达到2905.63亿美元，同比增长5.95%，中国作为韩国第一大贸易伙伴、第一大出口目的地和最大的进口来源地的地位进一步夯实，韩国也成为中国第三大贸易伙伴国和第一大进口来源国。然而，2015年始——也就是中韩FTA正式签署以来——双边贸易投资往来指标却开始持续下滑。货物进出口月度同比增速连续下降，降幅在4.4%到6.6%之间波动；2016

年 1 月、2 月降幅跌破二位数，货物进出口月度累计总额同比降幅分别达到 15%和 14.9%（图 1)。与此同时，韩对华直接投资额增速也明显放缓。2008 年受国际金融危机影响，韩对华直接投资额由 2007 年的 50 亿美元以上锐降至 30 亿美元的水平（2008 年、2009 年分别为 31.35 亿美元和 27.03 亿美元），2010 年、2011 年企稳，微降至 26.93 亿美元、25.51 亿美元，2012 年、2013 年逐步回升至 30.66 亿美元、30.59 亿美元，2014 年达到 39.7 亿美元，同比增加 29.78%，2015 年维持在 40.4 亿美元的水平，增幅回落至 1.76%（表 1、表 2)。

分析有关数据，中韩 FTA 正式签署后（2015 年以来）双边贸易额不增反降的原因主要有两个方面：一是受国际经济形势不确定性增强以及双方国内投资、出口整体下行等不利因素的影响。2008 年底国际金融危机以来，中国经济已经由高速增长进入中高速增长的新常态，投资、出口增速均明显放缓。韩国自 2003 年以来经济增速就持续低于 5%，对华投资的心态趋于谨慎求稳。二是中韩经贸合作经过多年积淀发展，已经度过了以货物进出口交易为主的阶段，双方有实力有条件有优势的企业越来越倾向于通过对外直接投资降低关税、物流成本，更好适应对方市场需求，拓展发展空间。例如，韩国对华长期以来出口的产品以机电产品的中间品以及珍珠宝石、塑料、钢材等高端产品为主，伴随中国投资、商事环境日益完善，更多韩国企业有意愿或已经开始大规模驻华设厂投资，以进一步开拓中国市场。中国企业越来越方便在本地采购到韩国企业生产的机电产品中间品等货物，较大幅度替代了从韩国进口货物的需要。从 2015 年以来货物进出口、外商对华直接投资等指标看，尽管中韩货物进出口、韩对华直接投资等指标持续收紧，但降幅仍低于中国货物进出口、吸收国外直接投资等指标的总体下降水平。例如，2015 年，中国从韩国进口货物额 1745.2 亿美元，占同期进口货物贸易总额 10%以上，尽管同比下降 8.2%，但远低于中国进口货物贸易总额 14.1%的降幅；2016 年 1 到 2 月，中韩货物进出口额、进口额同比下降分别为 14.9%和 13.4%，仍好于中国对外货物进出口总额、进口总额 17.4%和 16.7%的下降幅度（图 1、图 2)。

可以判断，中韩双边经贸合作方式正在经历历史性转折，传统的货物贸易、直接投资等方式已经不适应国际产业发展和分工格局调整的新趋势，表征传统经贸合作模式的指标水平呈现下降趋势具有必然性和合理性。

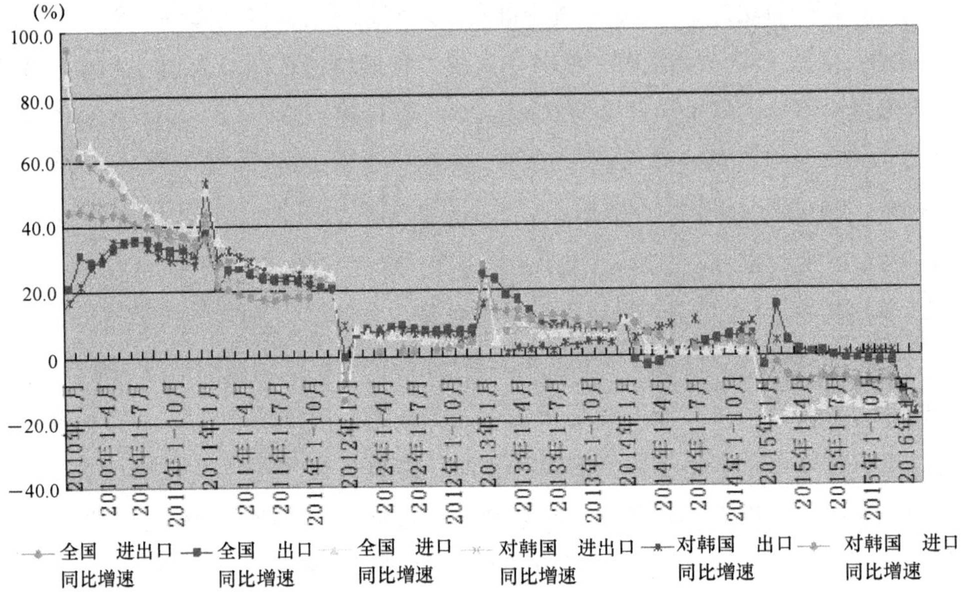

图 1　中韩货物进出口月度同比增长情况（2010—2016 年）

资料来源：中国商务部有关数据整理。

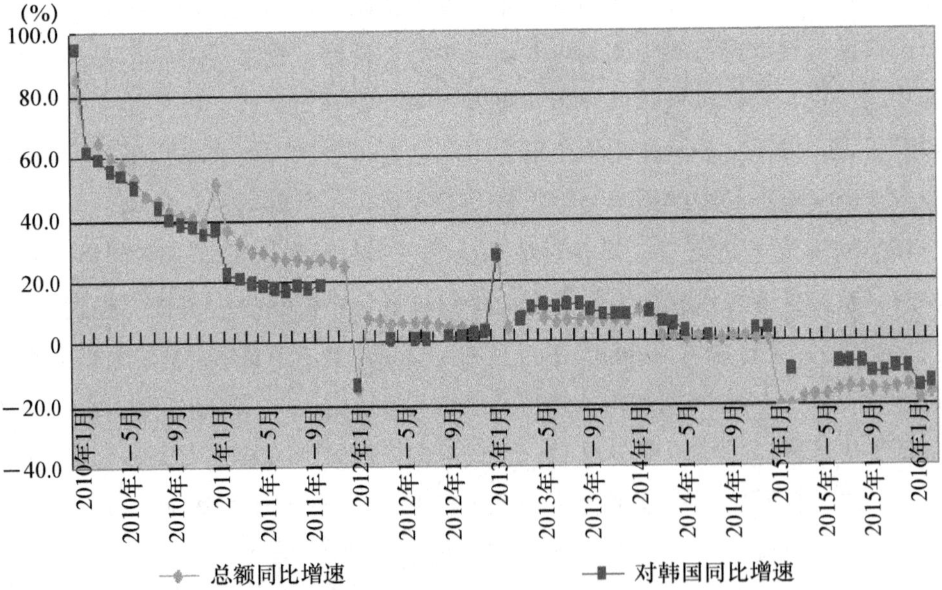

图 2　中国货物进口总额月度同比增速情况（2010—2016 年）

资料来源：中国商务部有关数据整理。

表 1　中国实际利用外资情况：总额与韩国情况对比（2008—2015 年）

年度	中国实际利用韩国对外投资		中国实际利用外商直接投资总额	
	总额（亿美元）	增速（%）	总额（亿美元）	增速（%）
2008	31.35	−14.76	923.95	23.58
2009	27.00	−13.88	900.33	−2.56
2010	26.92	−0.29	1057.35	17.44
2011	25.51	−5.24	1160.11	9.72
2012	30.38	19.09	1117.16	−3.70
2013	30.54	0.53	1175.86	5.25
2014	39.66	29.84	1195.62	1.68
2015	40.40	1.88	1262.70	5.61

资料来源：中国商务部有关数据整理。

表 2　中国对外直接投资情况：总额与韩国情况对比（2008—2015 年）

年度	中国对韩国直接投资净额		中国对外直接投资总额	
	总额（亿美元）	增速（%）	总额（亿美元）	增速（%）
2008	0.97	71.01	559.07	110.92
2009	2.65	173.57	565.29	1.11
2010	−7.22	−372.21	688.11	21.73
2011	3.42	−147.35	746.54	8.49
2012	9.42	175.78	878.04	17.61
2013	2.69	−71.48	1078.44	22.82
2014	5.49	104.23	1231.20	14.17
2015	—	—	1180.20	−4.14

资料来源：中国商务部、中国统计局有关数据整理。

二、双方产业合作呈现多元发展态势，技术、资金、人才跨境流动更加频繁，合作领域更加广泛

《中韩自由贸易协定》是中国迄今为止对外签署的覆盖议题范围最广、涉及国别贸易额最大的自由贸易协定，涉及货物贸易、服务贸易、投资和规则以及电子商务、竞争政策、政府采购、环境等 21 世纪新议题，其实施将有力推

动双边睦邻友好关系，促进区域产业深度融合发展。

（一）地区间的深度合作发展

中韩 FTA 指定威海与仁川自由经济区为地方经济合作示范区，该示范区不仅是两国合作的对外展示窗口，更是探索深化双方产业合作的“试验田”。目前，示范区一方面积极发挥区位和前期合作基础优势，威海市率先开通国内首个中韩海运跨境电子商务通道，并恢复开通威海—仁川海运邮路；另一方面，威海与仁川两地政府于 2015 年 7 月 22 日签署《威海市政府与仁川广域市厅加强地方经济合作议定书》，商定在旅游、货物贸易、医疗美容、健康养生、文化创意、影视动漫、时尚创意、跨境电商、产业投资等 14 个领域推进 40 个合作项目。

其他一些已有较好产业合作基础的地区也纷纷通过共建产业园的形式积极探索中韩产业合作的新做法。例如，江苏盐城发挥与韩方长期贸易投资往来的优势条件，积极建设中韩产业园。结合地区产业转升升级、培育新增长点的迫切需要，探索在汽车、新能源汽车、光伏光电、智能装备制造、软件及服务外包、电商物流、大数据、健康美容、临港物流、重型装备制造共十类产业与韩国开展全面合作。烟台市依托港口优势、区位条件和前期与韩国在纺织服装、机械、电子等产业领域的合作基础，借中韩 FTA 签署机遇积极打造中韩自贸区产业合作示范区、东北亚综合国际物流枢纽、“一带一路”战略合作平台和韩国元素突出的智慧型宜居新区。积极推进中韩铁路轮渡项目，建设港口、机场、铁路等重大互联互通基础设施，重点发展新兴产业和现代服务业；在设立 10 亿元人民币烟台中韩产业园发展基金的基础上，成立中韩产业投资基金，以吸引技术人才创新创业。

（二）中韩 FTA 签署后有利于双方技术、资金、人才等支撑产业发展的核心要素进一步集聚

中韩 FTA 知识产权相关章节以中韩国内现行知识产权法律体系为基础，参考双方之前各自对外签署的自贸区知识产权章节相关内容，对双边经贸关系中重点关注的知识产权问题进行全面规定，涉及知识产权与公共健康、版权及其相关权利、商标、专利、遗传资源、传统知识和民间文艺、植物新品种保

护、未披露信息等具体议题，并在知识产权保护和执法方面做出详细规定。金融相关章节中涉及双方对进入本国资本市场的对方金融企业提供互惠待遇，便捷审批流程等内容，有利于降低双方金融市场准入门槛。同时，中韩FTA还明确将于协定生效后以负面清单模式继续开展服务贸易谈判，韩国特别重视旅游、医疗保健、影视文化、金融等领域，而这些服务领域的深度合作意味着双方要加快建立货币互换直接交易机制，进一步简化和放宽签证，将极大程度促进各类人才加速交流合作。基于此，一些地区积极开展引技引资引智的先行先试。例如，中关村海淀园中韩企业产品及技术对接会，签署《关于促进中韩两国产业集群发展的合作备忘录》，几年下来为百余家韩资企业和中国企业、千余人建立了技术、项目、资金、人才方面的合作关系，涵盖电子信息、新材料、新能源、资源和环境技术、航空航天等多个领域。无锡市自2016年初开始积极推进“中韩科技金融服务合作区”建设，以中韩FTA签署为契机，市政府牵线产学研金合作，吸引韩国工商界、科技界、金融界创新形式入驻本地发展。

（三）中韩FTA签署后双方产业合作领域将进一步拓展，旅游、速递、通信服务、金融服务、建筑、运输等行业的合作将持续深入推进，其中，文化产业合作将进一步升温

中韩FTA中，中方承诺在视听合作合拍、出境游、环境以及法律、建筑和相关工程、证券等具体领域放开，探索实施“准入前国民待遇＋负面清单”的开放模式，韩国承诺在建筑、速递、医疗等方面的市场准入，业务范围空间扩大。这为双方企业发挥各自的技术、商业模式、人才等优势拓展对方市场提供了重大机遇。在文化产业方面，中韩由于地缘相近、文化相通，双方影视听作品艺术交流历来频繁。根据中韩FTA内容，韩国娱乐文化公司可以更便利地在中国设立公演舞台或授权转播演唱会等；在华设立娱乐公司时韩方最高可持有49%的股份；进一步强化音乐著作权、公演追偿权、电影版权等相关法律法规，比如韩国电影或电视节目在中国的版权保护时间由原来的20年延长至50年；两国在电脑图像合成、虚拟实境和（或）数字影院技术等电影及相关领域技术合作具有广阔的发展空间，双方合作拍摄的电影将享受双方国产影片的所有权益，相关影片不受进口片配额制的限制；此外，在项目审

批、第三方合作、投入比例、人员入境以及器材进口等方面也更为便利，以往韩国电影受进口片配额以及审查制度限制难以进入中国市场的情况将明显改善，也有利于中国电影行业引进亚洲最高电影技术水平的韩国相关领域人才，进而提升国产影片质量和国际影响力。在此背景下，韩国广播影像、游戏、动漫、卡通人物、手机和网络等一批“韩流”领军企业已布局进入中国市场。

三、产业合作将由“中低端互补”向“中高端竞合”升级，对双方而言机遇和挑战并存

总体判断，伴随近年来中国经济实力的提升和产业结构升级，中韩两国工业结构和贸易结构开始出现趋同现象，多个行业竞争格局发生变化，产业合作模式由原有的“中低端互补”向“中高端竞合”升级。一方面，中国产业结构调整和技术进步优化了两国产业合作结构，在促使产业合作向中高端迈进的同时，也加剧了两国某些产业中的摩擦和竞争；另一方面，两国在产业发展过程中，面临着类似的问题，如国际能源和资源价格上涨和外部市场复苏缓慢的压力，这些问题促使两国进一步加强双边合作，从而降低其对产业发展造成的不利影响。由此可以说，中韩产业合作由“中低端互补”向“中高端竞合”的升级，对双方而言，既是机遇，又是挑战。

（一）中韩 FTA 为双方提供了新的机遇

中韩 FTA 的签订，能够提升双方产品竞争力，使多数产业从中获益。协议内容中，对中韩各自的劣势产业都有所保护，所以多数产业都将受益于这一协议。在产业合作模式升级的过程中，两国经济仍存在着较强的互补性。随着 FTA 的推进，由于双方市场开放而激发的贸易投资创造效应和转移效应，将进一步促进两国产业链的深度融合，强化双边价值链贸易关系，提升两国在全球价值链中的地位和产品竞争力。

中韩 FTA 的签订，还能够疏通投资渠道，注入合作新动力。中韩 FTA 中涉及了投资准入领域、投资方式与投资比例限制、投资便利化和投资者保护四项内容，有利于两国之间形成稳定、互利的投资环境，进一步提高中国对韩国

企业投资的吸引力。中韩 FTA 的签订也有利于激发韩国中小企业进入中国市场的积极性，同时中国企业扩大对韩投资创造条件，加快产业升级和企业走出去的步伐。

（二）中韩 FTA 的签订也为双方带来一系列的挑战

首先，开放程度的提高可能对双方国内相关产业形成冲击。随着中国产业结构调整和转型升级步伐的加快，中韩两国某些行业特别是制造业的结构相似，贸易趋同度高，竞争性可能大于互补性。一方面，韩国相关产业由于成熟度更高，因而有着相对更低的生产成本和更高的技术水平。FTA 生效后，将大幅减免关税，降低相关产品在中国的价格，这就可能对中国相关产业形成冲击，加剧市场竞争，制约其进一步的发展。另一方面，中国已经是韩国的第一大贸易伙伴国，FTA 签订后，两国之间的贸易活动将更加频繁，依存度进一步加深，韩国经济更易受到中国经济波动的影响。

其次，两国产业间已有的技术差距，将会对中国产业转型升级形成一定压力。相对于韩国的产业发展水平，除个别产业外，中国总体还处于产业链的较低端。FTA 生效后，韩国在资本技术密集型高技术产业上的优势将会更为突出。一方面，市场准入门槛的降低将刺激更多此类产业对华直接投资，入驻参与本地化竞争；另一方面，由于存在价格和技术上的优势，关税减免后，韩国相关产品在中国市场的需求可能激增，制约中国高技术产业的发展，对中国产业结构的转型升级形成压力。

四、多措并举加快推进中韩产业合作繁荣发展

（一）明确未来一段时期中韩产业合作的思路和目标

中韩 FTA 签署及推进落实将带动两国产业合作进入新的历史阶段。双方政府应结合新时期产业发展的新趋势、两国对外经贸策略与政策演变的新思路及各自国情、比较优势和产业合作基础，加快明确优先合作方向、优化合作模式并采取相应的措施。初步考虑，未来 5 到 10 年，双方政府应着力分领域分行业部署合作思路、方案与举措，中韩 FTA 内容中明确涉及的领域，充分借

鉴已签署双边自贸协定中成功的产业合作经验，创新合作发展模式，强化点对点的区域合作模式，持续拓展合作领域；面向未来双方有共同需要加快发展的新兴产业领域，可以按照优势互补、协同共进的思路，加强企业、产学研间深入对接，有计划有策略地部署合作共同开辟第三方市场。此外，应及时跟踪全面掌握双方支撑产业发展的技术、资金、人才等核心要素合作中面临的问题和制约，加大力度支持双边技术研发创新合作，创新跨境资金管理模式，吸引产业发展亟需的各类人才定期、不定期的跨境交流合作。力争通过 5 到 10 年的努力，能够通过中韩 FTA 生效带动中国 GDP 增长 0.5 到 1 个百分点，新增一批就业岗位，中国消费者受惠面和受惠规模均显著提升，产业国际竞争力大幅提高。在中韩产业园区共建、新兴产业发展、技术资金人才等创新要素合作方面积累一批可推广可复制的宝贵经验。

（二）多模式并推加快中韩 FTA 涵盖领域的合作发展

农产品加工及上游种植行业，发挥中国土地农产品资源丰富、劳动力相对低廉的优势，积极引进韩国在农产品以及生物资源标准化种植、精深加工、品牌宣传等方面的先进经验，加强诸如韩国正官庄与中国新希望集团这类大企业之间的战略合作，增强中国农产品加工、种植业标准化水平和技术实力，提升农业国际影响力。

目前双边贸易进出口占比较高、未来关税下降幅度较大的机电、日化及清洁用品制造、服装鞋帽等行业，中国政府可以机电行业中间品进口成本下降为机遇，促进产业由价值链中低端向高端延伸，逐步形成与韩国机电产业由垂直互补向平衡竞争关系的过渡；发挥韩国日化产业的示范和溢出效应，引导中国日化产业面向本土日益增长的服务市场延伸；面向韩国消费者中低端不同客户群对服装鞋帽类产品的个性化需求，发挥中国制作成本低廉、韩国服装设计行业与国际接轨程度高、中式服装鞋帽设计风格影响力日益扩大等优势，与韩方合作积极开拓国际市场。

积极拓展中韩在旅游、速递、通信、金融、建筑及运输服务等行业的合作空间，探索互惠互利可持续发展的合作模式。具体而言，目前韩国在旅游、通信服务领域的增值电信业务、金融服务、建筑技术、运输服务等领域拥有高质量服务标准、多元创新的营销模式、先进的技术供应等优势，中国主要是劳动力成本相对低廉、市场前景广阔、产业体系健全、产业基础雄厚等优势，应通过合资、技术入股等方式，深度挖掘新的市场需求，积极合作开发系列新的业务。

（三）面向未来积极部署新兴产业领域的合作

从中国面向“十三五”时期经济社会发展需要部署的重点新兴产业领域看，新一代信息技术、生命健康、高端装备制造及服务、绿色低碳、数字创意等新兴产业是热点。有关研究显示，健康、文化服务、节能与新能源、新一代信息技术、高端装备制造、旅游六大新兴行业已经具备成长为国民经济新兴支柱产业的条件，到 2020 年预计潜在产值规模可以达到 60 万亿—80 万亿元，占同期 GDP 的比重为 18%—25%。韩国于 2009 年国际金融危机之后也先后发布了“新增长动力计划”、制造业创新 3.0 战略等，明确无人机、智能汽车、机器人、智能可穿戴设备、智能医疗以及信息、能源、环境、生物、知识服务、融合产业领域等为新兴动力产业。上述新兴产业领域一般具有知识产权密集、国际技术壁垒高、事关 21 世纪全球经济社会发展重大命题等特征，中韩双方在这些产业领域深化合作具有广阔的发展空间。例如，在新一代信息技术、新能源汽车等领域，中国考虑可吸收韩资企业参与科技项目攻关以及产学研战略联盟，联合参与国际技术标准制订，推动合作开发生产的优势产品纳入政府采购清单，充分借鉴韩国在新能源汽车、信息等领域的新型商业模式。在生物制造、航空航天、海工装备等领域，吸引韩资企业与中国企业合作开发市场，提供高品质高性价比的产品。在节能环保、生物医药、轨道交通、智能制造、新能源、新材料等领域，探索以联合体的形式优势互补，共同承接欧美先进技术和产业的转移，共同参与国际市场竞争和技术专利标准制定。

（四）深化中韩技术、资金、人才等产业核心要素间的对接融合

促进产业发展的关键要素是技术、资金、人才。中韩 FTA 涵盖的“技术性贸易壁垒、自然人移动、投资、知识产权”等章节内容均与关系双方产业合作发展的核心要素密切相关，为深化双边技术联合开发、促进资金和人才加速流动进而支撑产业合作发展提供了重大机遇。一是要积极创新双方技术合作开

发的新模式，引导中韩企业通过建设专利池、产业创新网络等形式推进产学研跨境合作，共同研发产业发展亟需的共性关键技术。二是支持双方企业在对方国家申请专利、注册商标，鼓励联合申请国际专利。三是鼓励双方金融服务机构加强合作，引导资金向重点合作的产业领域倾斜。四是促进双方高端人才合作交流，畅通吸纳高端领军人才的绿色通道，鼓励采取持股、技术入股、提供创业基金等灵活方式积极吸引人才来华或赴韩创新创业。此外，针对当前衡量中韩经贸产业合作情况仅有货物进出口、投资等指标比较单一的情况，要加快研究能够反映双方产业要素融合发展情况的指标体系，包括双方联合申请专利、商标、资金跨境流动、人才跨境流动、跨境新设立企业情况等。

姜江，中国国家发展和改革委员会产业经济与技术经济研究所
研究室主任、副研究员

参考文献

[1] 白明. 中韩自贸协定的积极效应 [J]. 中国金融，2015 (12)：72-73.

[2] 毕颖达. 深化中韩战略合作伙伴关系的空间，挑战及应对 [J]. 东北亚论坛，2015，2：011.

[3] 陈红娜，许宏强. 中韩自贸协定将产生多重共赢效应 [J]. 中国发展观察，2015 (6)：34-36.

[4] 陈劲，赵闯. 中美创新集群发展模式比较与合作战略透析 [J]. 吉林大学社会科学学报，2014，6：008.

[5] 陈文轩. 中韩文化产业发展比较与合作展望 [J]. 亚太经济，2014，1：017.

[6] 杜国栋. 中韩制造业产业内贸易水平及影响因素研究 [D]. 北京交通大学，2015.

[7] 傅远佳. 北部湾经济区国际产业合作模式与路径创新 [J]. 中国经贸导刊，2011 (16)：53-54.

[8] 耿丽平. 中韩自贸区的建立对汽车产业的影响 [J]. 中国市场，2015

(38)：98－100.

[9] 蒋海曦. 历史与现状：中韩自由贸易关系的优劣势问题 [J]. 四川大学学报：哲学社会科学版，2016 (1)：73－79.

[10] 金辰坤. 中韩两国的文化产业合作前景 [J]. 福建论坛：人文社会科学版，2013 (2)：9－10.

[11] 李大伟. 亚投行框架下中韩合作的思路与建议 [J]. 宏观经济管理，2016 (2)：61－63.

[12] 李婧. 中韩自由贸易协定对两国文化贸易的影响 [J]. 国际经济合作，2015 (12)：46－49.

[13] 李亚. 上海自贸区“负面清单”投资管理模式国际经验的借鉴 [J]. 嘉兴学院学报，2014，26 (2)：58－62.

[14] 李杨，冯伟杰，黄艳希. 中韩自由贸易协定的影响效应研究 [J]. 东北亚论坛，2015 (6)：91－104.

[15] 刘飞. 中韩文化产业政策对比研究 [J]. 知识经济，2015 (19)：5－6.

[16] 刘文革，庞盟，王磊. 中俄能源产业合作的经济效应实证研究 [J]. 国际贸易问题，2012 (12)：38－51.

[17] 刘新国. 11个产业支撑起中韩产业园. 烟台日报，2015－6－4.

[18] 刘学新，马君潞. 自贸区建设发展中的中国产业政策与产业竞争力 [J]. 现代管理科学，2014 (5)：32－35.

[19] 刘晔，陆夏. 美国“自贸区”模式的经济效应及其经验借鉴 [J]. 上海经济研究，2014 (12)：14－20.

[20] 吕铁，邓洲. 中韩产业合作：由“中低端互补”向“中高端竞合”升级 [J]. 国际贸易，2012，10：009.

[21] 吕铁，邓洲. 中韩产业合作：由“中低端互补”向“中高端竞合”升级 [J]. 国际贸易，2012，10：009.

[22] 吕杨，高福安. 中韩文化产业发展的比较研究 [J]. 现代商业，2015 (20)：30－31.

[23] 马冲. 产业先行中韩共融. 威海日报，2016－3－11.

[24] 马文良. 中韩产业集群创新合作新华章 [J]. 中关村，2013，8：017.

[25] 孟祥铭，汤倩慧. 中韩FTA背景下工业制成品产业内贸易发展探析' [J]. 沈阳工业大学学报（社会科学版），2016，9（1）.

[26] 欧杰. 韩国文化产业发展与中韩文化产业合作 [J]. 新经济，2015（22）：35-35.

[27] 欧阳铭珂. 中韩汽车产业竞争力的比较分析 [J]. 长沙理工大学学报：社会科学版，2010，25（4）：29-34.

[28] 尚洁. 中瑞自由贸易协定述评 [J]. 中国商贸，2014，15：010.

[29] 宋锡祥，马小茜. 中瑞双边自贸协定的特色及其对两国经贸投资的影响 [J]. 海峡法学，2015（1）：35-44.

[30] 魏婷. 中日韩动漫产业的区域经济合作研究 [J]. 现代传播：中国传媒大学学报，2013（2）：151-152.

[31] 徐榕梓. 十年磨剑中韩自贸区春风吹绿 [J]. 中国对外贸易，2015（6）：68-69.

[32] 许侃，聂鸣. 互信息视角下的大学—产业—政府三螺旋关系：中韩比较研究 [J]. 情报杂志，2013，32（4）：187-193.

[33] 许宁宁. 中国-东盟产业合作现状，趋势及建议 [J]. 东南亚纵横，2012（6）：3-6.

[34] 杨文生. 建设中韩自贸区的机遇，挑战及对策 [J]. 宏观经济管理，2015（4）：67-70.

[35] 尹勇晚，龚驰，李天国. 中韩新能源产业合作的经济效应实证研究 [J]. 经济理论与经济管理，2011，4：85-94.

[36] 袁波，王蕊，张雪妍. 以自贸区战略促进中国产业发展 [J]. 国际经济合作，2014（5）：42-46.

[37] 张利娟. 中韩经济互补与合作的新平台 [J]. 中国报道，2015（7）：46-47.

[38] 张威，徐紫光. 中美与中欧，中日高技术产业合作比较分析 [J]. 国际经济合作，2010（10）：46-49.

[39] 赵恩娇. 中韩FTA签订对中韩两国汽车产业的影响探讨 [J]. 对外经贸实务，2012（9）：21-24.

[40] 赵晋平. 自贸区本质特征与创新点 [J]. 人民论坛，2015（12）：

54-56.

[41] 中韩（烟台）产业园创新创建模式，国际商报，2016-3-2.

[42] 中韩产业园企业总部基地入驻兰州. 中国经济时报，2016-1-22.

进入韩元对人民币直接交易时代后的中韩金融合作方案

徐逢敎

一、韩元对人民币直接交易时代

2014年7月，中韩峰会就韩元对人民币的直接交易达成协议，韩国从2014年12月开始启动韩元对人民币的直接交易。中国的交通银行（Bank of Communications）首尔分行获任人民币业务清算行，韩国获得了800亿元规模的人民币合格境外机构投资者（RQFII：RMB Qualified Foreign Institutional Investor，人民币合格的境外机构投资者）资格。两国同时就搞活韩元对人民币贸易结算、扩大发行债券等协作达成了共识。

韩元对人民币的直接交易市场启动以后，我们期望进一步搞活两国之间人民币贸易结算和各种人民币相关金融交易，且深信韩元对人民币的直接交易可从多方面为中韩两国提供更多机遇。

韩国方面，一是在与中国建立紧密经济合作关系基础上打造人民币离岸金融中心；二是针对限制性开放的中国金融市场和资本市场，扩大韩国准入机遇，进而创造收益。

中国方面，一是可加快人民币国际化进程，二是中国金融公司拓展海外业务可获实质性成就。

本文将首先分析过去一年半韩元对人民币直接交易的情况，考察中韩两国金融产业有了哪些变化，进而就今后持续扩大韩元对人民币直接交易，需要在哪些领域加强中韩金融合作提出意见和建议。

二、过去一年半以来韩元对人民币直接交易的成果

（一）中韩贸易：人民币贸易结算成果

韩中两国贸易以韩元和人民币的货币交易结算，到2000年代后期才正式启动。

截至2010年四季度，以人民币结算的对华出口额换算美元达到了13840万美元，韩元结算额为31190万美元，韩元结算金额远高于人民币结算金额。此后，人民币结算的韩国对华出口额开始有了快速增长，截至2016年一季度突破了139870万美元，达到了韩元结算金额57100万美元的2倍以上。

在韩国自中国进口中同样出现了人民币结算金额急剧上升的现象。截至2010年四季度，韩国自中国进口的人民币结算金额仅相当于2520万美元，韩元结算金额27960万美元是其10倍以上。但是，2016年一季度为基准的人民币结算金额已经增长至107560万美元，韩元结算金额为33940万美元，仅相当于人民币结算金额的1/3左右。

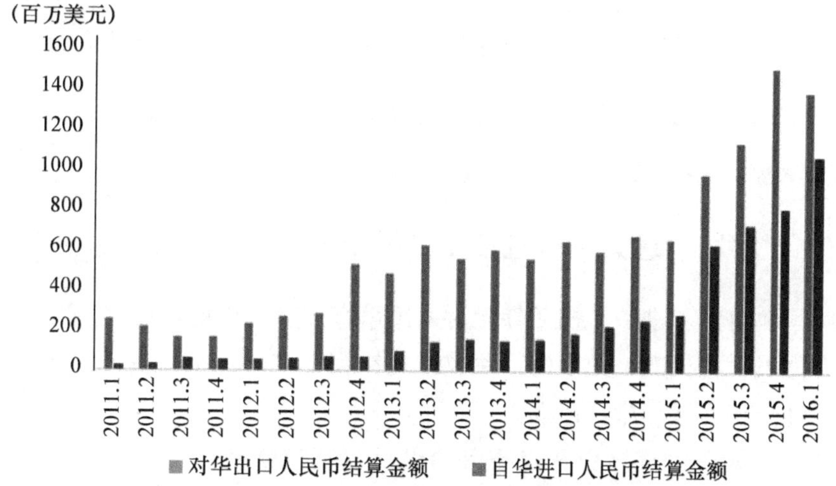

图1 韩国对华进出口贸易中人民币结算金额

资料来源：韩国银行（BOK）经济统计系统。

人民币结算金额虽然有了量的飞跃，但它在整个中韩贸易中的占比仍然较低。目前，90%以上中韩两国贸易仍采用美元结算。

截至2010年四季度，人民币结算在所有韩国对华出口中占比仅为0.4%，

在所有自华进口中占比仅停留在 0.1%左右。

过去几年，人民币结算即便呈现快速增长，但仍只占韩国对华贸易的 5%左右。截至 2016 年一季度，对华出口的人民币结算占比上升至 4.9%，自华进口的人民币结算占比上升至 5.3%。

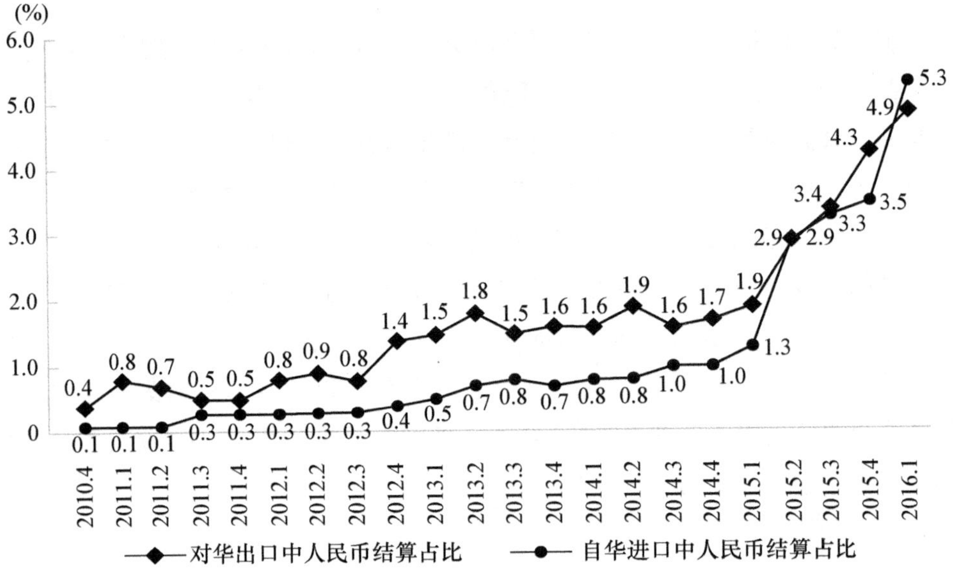

图 2　韩国对华进出口贸易中人民币结算比重

资料来源：韩国银行（BOK）经济统计系统。

(二) 韩国引进人民币直接交易做市商制度

韩国政府为了进一步搞活韩元对人民币直接交易市场，指定 12 家银行[①]为韩元对人民币直接交易做市商，免收这些银行的“外汇健全性分摊金”等，通过政策性扶持引导和激活市场。

韩元对人民币直接交易市场启动以后，其规模在多方努力下有了快速增长。2015 年 12 月的日平抑结算金额达到 153 亿元（约 2.8 万亿韩元），这一

① 2014 年 12 月 1 日指定的做市商有 7 家国内银行（新韩银行、友利银行、企业银行、产业银行、韩国标准渣打银行、韩国城市银行、外换银行）以及 5 家外国银行（交通银行、德国银行、中国工商银行、JP 摩根大通银行、HSBC 银行）。经过 6 个月的运营以及分析其业绩后，于 2015 年 7 月取消了业绩低迷的城市银行和德国银行的做市商资格，新增加了中国银行（BOC）和国发银行。

数据与启动清算系统的 2014 年 12 月（5.4 亿元）相比，足足提高了 28.4 倍①。

由于韩元对人民币的直接交易量增加，人民币交易在所有外汇交易中的占比也从 2015 年一季度的 7.0%猛增到了二季度的 14.9%，增幅达 1 倍以上。

韩国境内 95%以上的韩元对人民币直接交易，几乎都通过韩国境内人民币清算行即交通银行完成。在引进人民币清算行制度的 2015 年 2 月以前，没有利用清算行的机构交易达 80%，当时采用经香港的多级转账程序，常有外汇结算风险暴露。在政府积极努力推广利用清算行后，目前人民币清算行的利用已步入正轨。

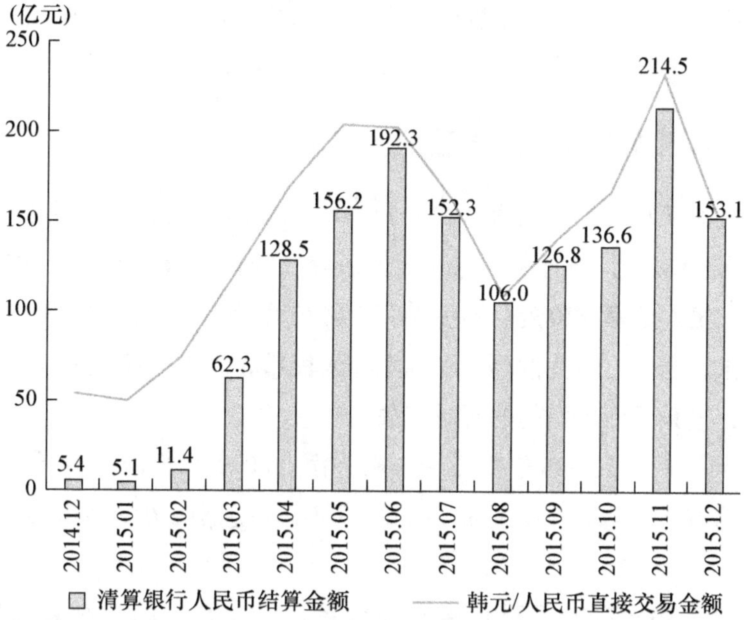

图 3　韩元对人民币直接交易以及清算行日平均人民币结算规模

资料来源：韩国银行支付结算报告（2015 年）p. 27。

2015 年 10 月 5 日，韩国还引进了韩元对人民币期货交易（Futures Trading）制度。但是，韩元对人民币期货市场启动以后，一个月交易量只有 19.25 亿韩元，换算成美元则不足 1 亿美元。从一天总交易量达 20 亿美元来看，韩元对

① 韩国银行支付结算报告（2015 年）p. 26。

人民币的直接交易量可以说是微不足道。因为参与人民币期货市场的做市机构仅 3 家，即大宇证券、大信证券和 eBEST 证券，人民币期货市场需求也较少①。

韩国政府持续努力搭建韩元对人民币直接交易市场的舞台，但要搞活韩国境内韩元对人民币的直接交易仍有重重壁垒，这也是不容忽视的事实。其中最大障碍要素是凭借企业和金融公司的自发动机不足以作为市场不断发展的推动力。

在韩国政府搭好的舞台上，韩元对人民币直接交易市场已经有了不错的表现，但要持续发展则需要企业或金融公司的自发性直接交易需求不断扩张。这就需要不断推出韩元对人民币直接交易相关的各种金融产品，满足企业和个人对人民币金融服务的需求或挖掘全新需求。遗憾的是，韩国境内人民币金融投资产品发展非常有限，关于这个话题将在下面继续讨论。

（三）韩国境内人民币金融投资产品②

在引进韩元对人民币的直接交易以前，韩国境内人民币存款在 2013 年和 2014 年有快速增长，当时中国境外人民币存款的快速增长并非仅在韩国出现。这一时期中国实施紧缩政策，不少中国金融公司遭遇钱荒，对境外人民币产生了超额需求。当时，在全世界范围内境外人民币存款的利率远高于美元存款或韩元存款，这只是由此引起的暂时现象。

2015 年以后，人民币存款开始急剧下滑。2014 年韩国所有外汇存款中人民币存款的占比甚至上升到了 32%，2015 年以后急剧减少，2015 年 10 月底仅占 11.3%。

2014 年底韩元对人民币直接交易市场启动以后，韩亚金融集团的“Hi China 人民币定期存款”、国民银行的“KB Plus Star 人民币外币存款特价销售”以及新韩银行的“China Plus 外币定期存款”等利率 3%左右的人民币存款产品推出，但均未受太大欢迎③。

---

① 韩联社：“很抱歉，我没有胡萝卜”——人民币期货市场的悲哀，2015 年 11 月 13 日。

② 下面内容摘自 임태훈、徐凤娇等（2016）《主要国家人民币离岸中心战略分析与韩国应对方案》第 4 章“韩国当前人民币离岸中心现况和应对方案”。

③ 首尔经济：储蓄银行也难找的 3%利息“原来在人民币存款里”，http://economy.hankooki.com/lpage/finance/201412/e20141214165541117450.htm，2014 年 12 月 14 日。

2015 年起人民币存款急剧减少是因为 2014 年下半年中国境内货币政策扭转了紧缩局面，下调了人民币贷款利率，而人民币全球外币套期保值费用反而增加，导致了人民币存款利率套汇交易（Arbitrage）的可能性骤减。

表 1　韩国境内居民所持有的不同外币存款余额变化（亿美元）

币种	2011 年	2012 年	2013 年	2014 年	2015 年	
					9 月	10 月
美元	245.0	296.8	359.0	360.0	434.7	494.5
人民币（比重%）	0.8 (0.3)	1.7 (0.5)	66.7 (13.8)	193.7 (31.7)	94.3 (15.9)	71.9 (11.3)
日元	22.2	19.5	26.0	23.7	31.3	33.0
欧元	23.1	34.0	19.5	21.2	20.9	23.2
其他币种	8.2	8.3	13.1	12.5	10.7	11.4
合计	299.3	360.3	484.3	611.1	591.9	634.0

注：其他币种有英镑、澳元等。
资料来源：韩国银行居民外币存款新闻稿（2015 年 11 月）。

人民币债券在韩国境内的发行也没有多大进展。2014 年，韩元对人民币直接交易市场启动以后，开始允许在韩国境内发行人民币债券，并进行了示范性发行。

友利银行和中国工商银行、海南航空三项债券发行完成，发行的人民币债券总金额在 5.8 亿元（1061 亿韩元）。这些以人民币标价的债券大部分属于试点发行，采用了私募（Private Equity Fund）融资方式①。因为私募融资方式的债券发行相对公开募集融资方式更为宽松。

表 2　韩国境内人民币标价债券发行情况

发行机构	发行日	到期日	币种	发行金额（亿元）	票面利率（%）	利息类型
友利银行	2014/10/10	2016/10/10	CNY	2.0	3.87	固定
工商银行	2014/10/14	2016/10/14	CNY	1.8	3.70	固定
海南航空	2015/03/06	2018/03/06	CNY	2.0	7.00	固定

资料来源：资本市场研究院（2015）再引用。

① 私募方式融资指 100 人以下（投资信托法）或 49 人以下（证券投资法）以少数投资人为对象募集的资金，资金募集或管理均私下进行，不予公开。

在韩国人民币债券发行相关的现行各种限制和对中国企业信用风险（Credit Risk）的不信任等重重关卡下，人民币公开募集型债券市场如要大举发展还需解决诸多课题。

当然，人民币于 2015 年下半年可能会走低，香港等其他地区的境外人民币债券发行增长势头有所放缓。香港人民币债券余额已从 2014 年的 3805 亿元减到了 2015 年的 3680 亿元。人民币境外债券发行在韩国业绩较低的原因，可能是受韩国金融市场的内在局限或者中国企业债券投资系统的制度方面限制。

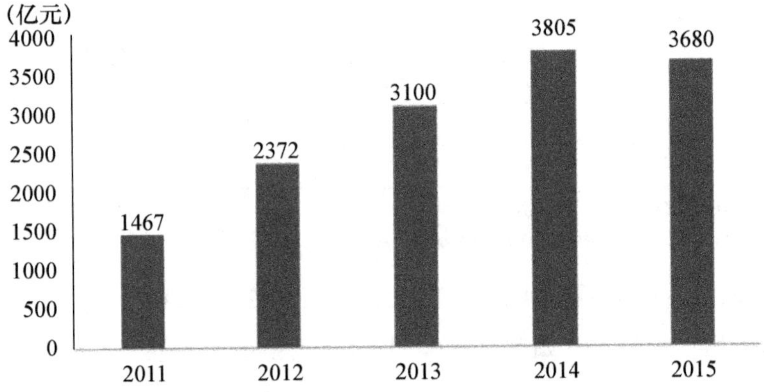

图 4　香港人民币境外债券发行余额

资料来源：HKMA（香港金融管理局）各期 annual report。

（四）针对中国金融市场的投资——RQFII

2014 年 7 月，韩国打开韩元对人民币直接交易市场后，获得了可利用境外融资人民币投资中国资本市场的 800 亿元规模 RQFII 国家配额。2015 年 11 月，以李克强总理访韩为契机，中韩就目前 800 亿元 RQFII 配额增至 1200 亿元达成了协议。

各国在获得 RQFII 配额以后，该国所属海外金融公司或中国金融公司于该国的本地法人、全球金融公司于该国的本地法人，需在该国配额额度内向中国证券监督管理委员会（CSRC）个别申请获得 RQFII 资格。

截至 2015 年 10 月 29 日，韩国金融公司以国家配额获得 RQFII 资质的名单见表 3，配额共计 570 亿元人民币。

表 3　韩国金融公司 RQFII 配额情况

公司名称	英文名称	获得配额时间	累积配额（人民币，亿元）
新韩法国巴黎资产运用	Shinhan BNP Paribas Asset Management Co., Ltd.	2014. 10. 13	80
未来资产全球资产管理	Mirae Asset Global Investment Co., Ltd	2014. 12. 4	10
东洋资产管理	Tong Yang Asset Management Corp.	2014. 12. 24	20
NH（农协）-CA 资产管理	NH-CA Asset Management Co., Ltd	2014. 12. 26	15
东部资产运营	Dongbu Asset Management Co., Ltd	2014. 12. 26	20
韩亚大投证券	Hana Daetoo Securities Co., Ltd	2014. 12. 29	10
UBS 韩亚资产管理	UBS Hana Asset Management Co., Ltd.	2015. 1. 5	15
TRUSTON 资产管理	TRUSTON Asset Management Co., Ltd.	2015. 1. 22	10
大信资产管理	Daishin Asset Management Co., Ltd.	2015. 1. 22	20
三星资产管理	Samsung Asset Management Co., Ltd.	2015. 1. 22	25
韩国投资信托管理	Korea Investment Management Co., Ltd.	2015. 1. 22	10
MY Asset 投资管理	MY Asset Investment Management Co., Ltd.	2015. 2. 6	15
新韩金融投资	Shinhan Investment Corporation	2015. 2. 16	20
Heungkuk 资产管理	Heungkuk Asset Management	2015. 2. 16	30
大宇证券	Daewoo Securities Co., Ltd.	2015. 3. 25	20
三星生命保险	Samsung Life Insurance Co., Ltd.	2015. 3. 31	20
教保 AXA 资产管理	Kyobo AXA Investment Managers Co., Ltd.	2015. 4. 2	15
美林资产管理	Meritz Asset Management Co., Ltd.	2015. 4. 8	30
三星证券	Samsung Securities Co., Ltd	2015. 4. 17	30
HI 资产管理	HI Asset Management	2015. 5. 6	15
东部证券	Dongbu Securities Co., Ltd.	2015. 8. 28	25
KB 资产管理	KB Asset Management Co., Ltd.	2015. 8. 28	20
韩国产业银行	Korea Industry Bank	2015. 8. 28	10
IBK 投资证券	IBK Investment Securities Co., Ltd.	2015. 9. 28	20
韩华资产管理	Hanhwa Asset Management Co., Ltd.	2015. 9. 28	30
韩国产业银行资产管理	Korea Industry Bank Asset Management Co., Ltd.	2015. 10. 29	20
韩国总配额			570

注：截至 2015 年 10 月 29 日。
资料来源：中国人民银行、国家外汇管理局。

(五) 中国引入韩元直接交易市场

2015年10月—11月，李克强总理访韩期间，与韩方就通力合作尽早在中国上海启动韩元对人民币直接交易机制达成了协议。

中国外汇交易中心外汇市场目前开展了人民币和14个国家货币的实时交易。同时可与12国货币进行远期（Forward）的掉期交易（Swap）。人民币还可与5国货币开展货币期权交易。

表4 中国外汇交易中心外汇直接交易情况

币种	2014年11月		2015年10月	
	交易金额（亿美元）	占比（%）	交易金额（亿美元）	占比（%）
美元	3346.4	92.2	3278.5	95.1
欧元	82.6	2.3	44.4	1.3
日元	51.9	1.4	36.4	1.1
港元	17.9	0.5	15.3	0.4
英镑	34.5	1.0	8.4	0.2
澳大利亚元	25.5	0.7	7.8	0.2
新西兰元	7.2	0.2	0.9	0.0
新加坡元	51.0	1.4	49.5	1.4
加拿大元	0.5	0.0	2.0	0.0
马来西亚林吉特	0.6	0.0	0.2	0.0
俄罗斯卢布	11.9	0.3	2.9	0.1

注：月度交易金额（搜索日期：2015年11月12日）。
资料来源：中国外汇交易中心网站，http://www.chinamoney.com.cn/fe/Channel/21478。

李克强总理此次访韩还就韩国政府以人民币在中国境内发行国债事宜与韩方达成了协议。① 这样融资的人民币将作为韩国的人民币外汇储备使用。

但是，目前韩国外汇交易市场规模毕竟较小，加上很难抵挡国外投机性汇率攻击，韩国政府对推行韩元国际化究竟能有多少积极性，韩国国内众说纷纭。中国境内韩元的直接交易市场也很有可能推行受限。

① “韩国可在中国债券市场发行人民币国债”，首尔经济，2015年10月31日。

三、韩元对人民币直接交易市场持续发展需要解决的问题

（一）韩国需要明确政策性目标

综合上述分析，引进韩元对人民币直接交易一年半以来，直接交易市场有了一定的规模化增长效益，但从金融市场的反应来看很难认为取得了显著成就。

未来韩元对人民币直接交易市场要想持续发展壮大，既需要让两国企业或个人获得实质性收益，也需要两国政府明确和坚定持续推行政策的决心。

表 5　各领域在引进韩元对人民币直接交易以后的反应

指　标	韩　国	中　国
人民币贸易结算	额外承担人民币贸易交易相关金融商品的交易费用	降低贸易交易外汇风险费用的实质性效果
人民币金融产品	QFII 等针对替代金融商品的竞争力不明显 中国经济增长放缓，导致资本市场投资风险增加	中国资本市场开放速度放缓，对中国资本市场上升的期望值下降
政府推行政策的决心	韩元国际化、人民币离岸中心战略对进军中国的韩国企业和金融公司的实质性利益	持续推行人民币国际化，支持中国金融公司的国际化

资料来源：笔者整理。

首先，我们来看一下两国政府执行韩元对人民币直接交易市场政策的决心。中国政府推行韩元对人民币直接交易的政策目标非常明确，中国政府推行的人民币国际化政策正是其目标之一。

中国于 2009 年以后积极主动推进人民币国际化，以加强作为结算货币、投资货币、储备资产货币的人民币国际化功能。中国还推进了中国境内金融市场改革、资本市场开放等政策。对外积极助力人民币国际化合作，倾力推动“一带一路”蓝图的实现。

中国的人民币国际化正在上述成就基础上逐步实践。但是，2015 年下半年

以后出现的中国外汇储备减少、人民币汇率扩大波动、中国股票市场动荡剧烈等现象，使得越来越多的人担忧中国金融系统是否稳定，这也是不容置疑的事实。2016 年上半年以后，这些对外的动荡开始趋于稳定，外汇储备下降趋势停止，通过港交所证券公司投资上交所上市股票的沪股通交易金额也呈增长趋势。

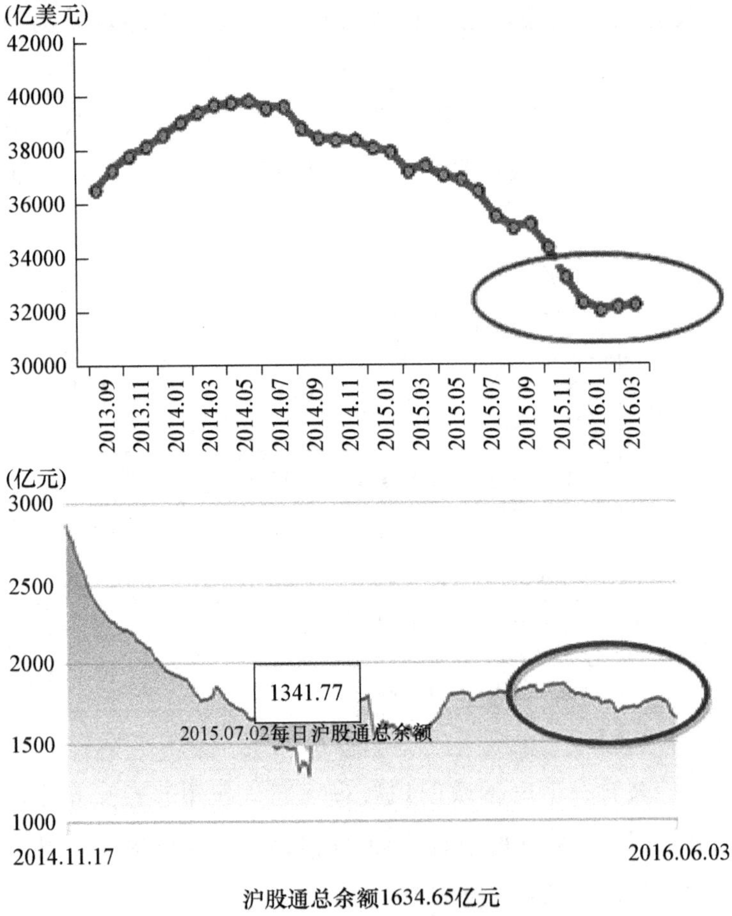

图 5　中国外汇储备和沪股通投资余额

资料来源：中国国家统计局。

当然，这些对外动荡在未来可能会再次剧烈，可能会导致人民币国际化推行速度或中国资本市场的对外开放速度以及实现“一带一路”远大蓝图的速度放慢。但是，我们认为，中国政府的人民币国际化相关政策路线不会改变，仍会坚定地走下去。

未来一段时间，中国为了推行人民币国际化，可能会以亚洲地区通用货币作为优先目标，分阶段开放其资本市场，而不会以成为美元那样的国际储备货币为目标，全面开放资本市场。近来中国经济增长率略有放慢，但即使在中国经济低迷、风险堪忧的情况下，中国仍会在周边国家，尤其是 ASEAN 等亚洲地区继续推行人民币国际化。特别是在中国境内低附加值制造企业涌入 ASEAN 地区，推动 ASEAN 地区“一带一路”投资情况下，人民币顺利成为 ASEAN 的地区货币并非难事。2015 年 11 月 30 日人民币加入 SDR 也充分反应了该国际货币系统的变化。

相反，韩国政府培育和推行韩元对人民币直接交易市场的政策目标并不明确，应该说几乎没有可以实现政策性目标的手段更为贴切。

在韩国境内构建域外人民币离岸中心是提议最多的韩国政策性目标。韩国推行的人民币域外金融离岸中心战略，应明确方向，持续推行，不应受中国暂时性的经济变动影响。通过这一过程与中国政府以及中国投资人建立信任，确保得到计划投资人民币金融商品的国际投资人的信任，可以成为推行人民币域外金融离岸中心的关键动力。但如果近来中韩两国之间出现的各种政治、外交、军事摩擦继续减弱上述政策的推行动力，那么，构建韩国所谓的域外人民币离岸中心绝非易事。

韩国应确保不同于其他域外人民币金融离岸中心国家的差异化竞争力，这样才能发展成为具备全球竞争力的人民币域外金融离岸中心。香港、新加坡、英国等地长年发挥传统域外美元金融离岸中心作用，而台湾地区也在支持进军中国大陆的台湾企业贸易结算的实体经济需求基础上，从 2012 年起开始建设人民币域外离岸中心。

如果韩国计划发展具备全球国际金融竞争力、可以抗衡其他金融发达国家的人民币域外离岸中心，首先必须由韩国金融公司通过竞争大胆革新，配备开发具有国际竞争力的金融产品的相关制度性条件。但是，韩国金融当局仍把重点放在韩国境内金融市场的稳定上，因此，事实上韩国金融产业在短期内具备国际竞争力已基本不可能。

现阶段，台湾地区采用的人民币离岸中心方式对韩国更具启示性。在与中国大陆的密切现货贸易关系基础上，台湾更注重于支持进军中国内需市场的台资企业。台资企业较多集中于中国东南沿海等特定区域，指定“人民币特区”可以给台湾企业提供更多帮助。而中韩两国政府正在协商为韩国企业指定中国山东地区作为人民币特区，已经进入山东地区的韩国企业大部分是利用过去中国境内低工资成本的劳动集约型企业，遗憾的是，韩国企业不像台资企业集中于特定地区，而是散落在中国各地，比起指定特定地区为“人民币特区”的方法，采用不同形式可能会为进入中国市场的韩国企业以人民币进行国际交易提供更多实质性帮助。

表 6　主要人民币离岸中心的特点

国家或地区	主要差异点
香港	最丰富的人民币流动性、人民币离岸市场的领跑者、支持中国企业全球化
新加坡	与中国政治体制不同的境外人民币中心，“一带一路”境外人民币债券和人民币商品期货竞争力强大
台湾	针对进军中国的台资企业提供人民币金融支援，现货部分可保障丰富的人民币流动性
英国	国际金融中心的金融基础设施、地理时差、欧洲人民币离岸中心
卢森堡	“一带一路”欧洲终点站，中国企业进军欧洲的桥头堡

资料来源：笔者整理。

(二) 通过中韩贸易结算相关金融合作发展金融产业

在启动韩元对人民币直接交易市场以后，中韩两国人民币交易规模不断扩大，中国企业或金融公司在汇兑风险减少等方面收到了实质性效果，而韩国企业或金融公司反而需要承担汇率对冲费用上升的风险，这也是韩国企业和金融公司最不满意的一点。

企业间的贸易交易共有三种形式，即单纯汇款方式、信用证方式（Letter of Credit）以及托收方式（Collection）。韩国对华贸易结算中汇款方式比重最高，占 59%，信用证方式约为 21%，托收与其他方式约占 20%。单纯汇款方式只是转账资金，只需支付一定金额手续费即可，与结算货币并无关联，几乎没有结算货币变更带来的降低费用效果。但信用证交易中人民币的兑付费用

(Exchange Commission) 比美元和日元高出约 2.3 倍，结算货币改为人民币反而会增加企业承担费用。从减少费用方面来看，美元结算改为人民币结算并无多少优势，作为企业，没有理由承担高于美元的汇兑风险而把结算货币改为人民币（이면희，2015）。

虽然可以针对中国企业减少的人民币贸易结算汇兑手续费等费用，在商品定价时给韩国企业更有利的价格，但这于个别企业自身的谈判能力，未能从制度上为韩国企业起到降低人民币贸易结算费用的效果。

企业选择贸易结算货币，是根据汇兑风险承担方、更改结算货币后企业承担的费用和可得到的优惠等自发进行的。

为进一步扩大韩元对人民币贸易结算，需要为企业提出转换人民币贸易结算方式后的实质性优惠方案，这就是金融公司提供的具有竞争力的人民币金融产品。如果能够更多供应相比美元金融产品种类更多、价格更优惠、更具有竞争力的人民币贸易结算相关金融产品，企业就能获得人民币贸易结算的实质性费用降低效果，真正促进企业的人民币贸易结算。

但是，韩国境内金融公司很难提供具有竞争力的人民币金融产品是因为在韩国境内本身利率很低的人民币存款很难确保足够的人民币流动性。韩国境内人民币流动性不够丰富，金融公司无法及时应对人民币汇率变动等风险，从而导致人民币金融产品费用（即利率）上升等问题。

解决这一问题，不仅需要中韩两国政府的努力，还需要两国金融公司加强实质性合作，打造一个互赢的合作基础。

比如，2013 年 1 月中韩首度启动“货币互换支援贸易结算制”，这一制度的目的在于，在中韩贸易结算中把签署的货币互换资金作为人民币外汇贷款使用，为搞活两国贸易和韩元对人民币贸易结算做出贡献。但是这一尝试性举措以失败告终，其最主要原因是货币互换人民币的利率远高于香港等地的人民币外汇资金融资费用。

或许有必要考虑让韩国金融公司参与中国 2015 年 10 月起引进的人民币国际结算系统 CIPS (China Inter-border Payments System)，创造更多金融业务机遇。进入中国的外国银行中有 HSBC、SC 等 8 家银行直接参与 CIPS 交易，但进入中国的韩国银行目前仍未能参与。

表7　中国CIPS参与银行名单

<table>
<tr><th colspan="2">类　别</th><th>参与银行</th></tr>
<tr><td rowspan="2">直接参与人（中国）</td><td>中国银行（11家）</td><td>工商银行、中国银行、农业银行、建设银行、交通银行、招商银行、上海浦东发展银行、民生银行、兴业银行、平安银行、华夏银行</td></tr>
<tr><td>外国银行（7家）</td><td>HSBC、标准渣打、新加坡DBS、德国德意志银行、法国BNP巴黎、澳洲ANZ、香港BEA</td></tr>
<tr><td colspan="2">间接参与（海外）（176家）</td><td>亚洲、欧洲、大洋洲、非洲等</td></tr>
</table>

资料来源：이정은（2015）“中国人民银行，引进人民币跨境支付系统”，KIEP中国专家论坛焦点分析，2015.10.21。

（三）通过投资金融相关合作发展金融产业

韩国金融公司急需能够提高中国资本市场投资收益率的金融力量，这样才能利用韩元对人民币直接交易确保竞争力。为此，部分金融公司必须具备可以拿下充足RQFII配额、实现规模经济的实力。同时，应当培养可在韩国境内对中国资本市场进行投资的人才，以及对中国产业和企业情况、投资价值具有专业分析能力的团队。应解决韩国金融公司习惯于关注资产管理产品的销售收益，却不重视管理收益率的问题，培养具备国际竞争力的资产管理公司。

另一方面，RQFII配额的投资需要指定受托银行，但韩国银行不能满足中国要求的受托银行资格条件，这也是韩国发展成为人民币离岸中心需要解决的一大课题。

如果韩国和中国能够合作成立信用评估公司，则不仅可以提高中国企业在韩国境内债券发行的可信度，还有利于搞活韩国境内人民币债券发行市场，进而为建成韩国期望的人民币离岸中心做出贡献。

而且，中韩合作信用评估公司有利于进入中国的韩国企业在中国境内的融资，尤其是目前进入中国内需市场的韩国企业在中国境内的融资因较难获得韩国本国的信用记录（Recoding）认可，需要承担高昂贷款利率。如果能够通过合作信用评估公司相互认可两国信用记录，将可以极大推动和支持韩国企业走进中国市场。

四、结束语

在韩国和中国开启韩元对人民币直接交易的一年多时间里，韩国银行未能实现显著的人民币相关金融业务突破，不免令人遗憾。而中国的金融公司瞄准处于新增长趋势中的互联网海外直购族及时跟进，引进了新的人民币国际化金融产品。比如，中国的银行针对海淘族大量购买韩国商品的情况，根据韩元对人民币结算需求的增加，及时推出和丰富了各种人民币相关金融产品。中国的银行正在壮大金融科技产业，同时创造韩元对人民币直接交易的全新金融需求。

工商银行（ICBC）的“融 E 购”，是把中韩金融科技互联网直接交易和人民币国际结算进行衔接后成功获得快速增长的最具代表性的金融产品（2015 年 11 月采访录）。今后，中韩两国消费者网购对方国家商品需求的不断扩大将会成为促进韩元对人民币直接交易增长的主要动力。我们有必要及时应对这些细微变化，加强韩国金融产业的国际竞争力，尤其是与人民币相关的国际竞争力。同时有必要制订与中国金融公司合作，积极开拓此类新需求，共同分享增长成就的双赢战略。

中国金融公司在韩元对人民币直接交易中取得了快速增长，但韩国金融公司进入中国市场却遇到了诸多困难。为了实现中韩两国相互信任下的共同繁荣，进入中国市场的韩国金融公司的发展是一个非常重要的课题，中国金融部门有必要更加积极地推动这一课题的解决。

徐逢教，韩国同德女子大学教授

中韩金融合作问题研究

王　元

伴随中韩经贸合作在两国正式建交、中国加入 WTO、中韩自贸协定签署等事件的推动下层层发展深化，中韩金融合作也经历了起步阶段、加速推进阶段，迎来全面深化的新阶段。尽管已经在金融机构、金融市场、货币合作、金融政策与监管等多方面推进了一系列合作举措，取得了一定的成果，但是，从中韩金融合作的现状看，仍然存在跨境设立的金融机构本土化发展程度有待提升、汇率制度安排与离岸市场发展相对滞后、资本市场合作程度不高、共同推进区域金融合作力度仍需加强等突出问题。针对这些问题，并充分考虑中韩经贸合作 3.0 时代对双边金融合作的新要求，本文建议两国扩大双边金融开放，促进金融资源跨境流动；加强汇率合作，加快发展离岸人民币市场；合作推动建立更加密切的区域金融合作机制。

一、中韩金融合作历程和总体情况

金融合作是中韩经贸合作的重要领域。伴随中韩经贸合作的不断推进，两国金融合作逐步深化，对应于经贸合作的不同阶段，金融合作显现出不同的特点。

（一）第一阶段

1992 年 8 月 24 日，中韩两国正式建立大使级外交关系，开启中韩经贸合作 1.0 时代。中韩金融合作在两国建交后快速启动，进入起步阶段。这一阶段的合作领域，主要涉及金融机构和政府部门两个层面。金融机构层面，两国的银行等金融机构开始跨境设立代表处、分行等机构。1992 年，中国银行在韩国设立了代表处，同年韩国外换银行（KEB）在中国设立了代表处。此后，一方面，两国间跨境设立代表处的金融机构数量逐步增加，如 1993 年中国建设银行和中国工商银行也分别在韩国设立了代表处；另一方面，已设立代表处的金融机构很快着手将代表处升格为分行，以便正式开展业务，如1993年12月韩国外换银行就在中国设立了首家分行，1994年初中国银行也在韩国设立了首家分行。1996年，中国工商银行和韩国第一银行合资设立了青岛国际银行。政府部门层面，两国的宏观金融管理部门开始建立金融政策领域的双边合作交流机制。1993年，中国人民银行和韩国财经部共同建立了中韩金融合作会议的框架。

总体来看，这一阶段中韩金融合作开始起步，呈现合作领域不宽、融合程度不深的特点。金融机构设立的跨境分支机构，主要是服务境外的本国企业和居民，本土化经营程度低。政府层面合作形式上限于定期召开短期会议，内容上以相互介绍宏观经济金融领域的情况为主。

（二）第二阶段

2001年12月11日，中国正式加入WTO，标志着中国将大幅提升经济对外开放程度。由于中韩两国地理上临近，政治上友好互信，经济上在多个领域具有互补性，因此中国扩大对外开放成为中韩密切经贸关系的重要契机，推动中韩经贸合作进入了2.0时代。得益于更紧密的经贸联系对跨境金融服务等的需求拉动，以及WTO承诺下中国金融业开放步伐的加快，中韩金融合作步伐加快，领域不断拓展，进入加速推进阶段。这一阶段的合作领域，涉及金融机构、金融市场、货币合作、金融政策和监管等诸多层面。

金融机构层面，随着中国履行WTO协议关于金融业开放的相关承诺，外资金融机构进入的限制逐步减少，韩国金融机构在中国设立机构、开展金融业务进一步增多，多家韩国银行在中国设立了法人机构，并积极增设分支机构，如韩亚银行，目前已在中国设立12家分行、17家支行；从分支机构覆盖地域上看，由起步阶段的东部沿海省市逐步向中西部拓展，目前武汉、长沙、西安、重庆等地均已有韩资银行设立的分行；从业务范围上看，由外币业务拓展至本外币业务，类型逐步丰富，目前已包括存贷款、银行卡、电子银行、理财等各类业务。中资银行也通过增设分支机构等方式，适应赴韩中资企业和中国人增加带来的金融服务需求，如中国工商银行在2002年韩日举办世界杯前夕设立了釜山分行，2010年和2012年又分别在首尔市内中国人聚居区开设了大林分行和建大分行。非银行金融机构合作也不断增加，韩国三星、现代、乐爱金（LIG）等财产保险公司已在中国设立法人机构，中航三星人寿、中韩人寿等中韩合资保险机构也先后成立；韩国大宇、现代等证券公司也已在中国设立代表处。

金融市场方面，一是打通韩国投资中国证券市场的渠道。2002 年起，中国批准外资金融机构进入国内银行间债券市场，目前韩国外换银行、现代证券、新韩法国巴黎资产运用、东洋资产运用等韩国机构已获得批准；同年起，试行合格境外机构投资者（QFII）制度，到 2016 年 4 月，已有未来资产基金管理公司、三星资产运用株式会社、韩国产业银行等 18 家韩国机构获得 QFII 资格；2011 年起试点人民币合格境外机构投资者（RQFII）制度，2014 年 7 月，中国确定向韩国提供 800 亿元人民币的 RQFII 额度，并加快批准韩国金融机构的 RQFII 资格。二是中国企业开始利用韩国证券市场融资。2007 年 8 月 17 日，深圳三诺数码集团有限公司成为首家在韩国证券交易所挂牌上市的中国企业。2008 年 4 月，韩国证券期货交易所在北京设立代表处，成为第六家在中国成立办事机构的境外交易所，体现韩国证交所对推介中国企业赴韩国上市的重视。到目前约有十余家中国企业在韩国证券市场成功上市。此外，中韩两国均为亚太中央托管组织（ACG）成员国，在 2014 年该组织通过的《西安倡议》项下，承诺相互畅通交流，并将为培育建立稳健、高效、包容、系统的亚洲金融基础设施合作圈共同努力。

货币合作方面，一是货币互换。亚洲金融危机后，东盟 10 国与中、日、韩（“10＋3”）达成清迈倡议（CMI），明确建立中日韩与东盟国家的双边货币互换机制，以加强共同应对危机、维护区域金融稳定的能力。2002 年 6 月，中韩正式签署双边货币互换协议。2008 年 12 月，在国际金融危机爆发的背景下，中韩进一步签署了总规模为 1800 亿元人民币的双边本币互换协议，2011 年 10 月将互换规模增至 3600 亿元人民币。从 2013 年起，中韩两国允许动用双边货币互换安排，促进人民币和韩元在双边贸易中的使用，使双边货币互换发挥出便利贸易融资、扩大双边贸易本币结算支付的新作用。二是作为主要出资国参与建立东亚外汇储备库。在清迈倡议框架下，东盟 10 国与中、日、韩确定建立总额为 1200 亿美元的区域外汇储备库，协议于 2010 年 3 月 24 日正式生效。中韩两国出资合计占储备库总额近一半，其中中国占 32％，韩国占 16％，显示中韩两国在区域金融稳定中发挥重要作用。

金融政策和监管方面，2002 年，中国银监会、证监会和保监会与韩国的金融监督院签订了业务合作合同谅解备忘录。韩国银行和韩国金融监督院分别在 2003 年和 2005 年设立了北京代表处，是最早在中国设立机构的外国央行和金融监管部门，这些举措为中韩金融政策和监管部门增进交流、推进各层次金融合作提供了良好基础。

总体来看，这一阶段中韩金融合作快速拓展，一方面，已有合作领域如金融机构跨境设立分支机构等有所深化，另一方面，合作领域大大拓展，如金融市场和货币合作实现突破。同时，双边合作与区域多边合作框架下的共同参与均成为中韩金融合作拓展的途径，金融合作由服务双边经济贸易往来的单一功能向服务双边经贸与强化东亚区域金融安全的双重功能转变。

第三阶段：中韩自 2012 年 5 月启动双边自贸协定（FTA）谈判，到 2015 年 6 月 1 日，两国正式签署自贸协定，同年 12 月 20 日协定正式生效，标志着中韩经贸合作进入 3.0 时代。中韩自贸协定范围涵盖货物贸易、服务贸易、投资等 17 个领域，协定签署后两国还将继续开展谈判，明确服务贸易和投资领域的负面清单。金融服务是自贸协定的 17 个领域之一，单独对金融服务设置章节，而不是将其纳入服务贸易章节内部，体现了中韩双方对金融开放合作的重视。中韩金融合作将由此迎来全面深化的新阶段。

2015 年 10 月 31 日—11 月 2 日李克强总理访问韩国，在此期间中韩达成五项金融合作，成为双边金融合作与经贸合作同步进入新阶段的重要标志。一是将在中国外汇交易中心建立人民币对韩元直接交易机制。2016 年 6 月 24 日，经中国人民银行授权，中国外汇交易中心宣布在银行间外汇市场开展人民币对韩元直接交易，27 日首笔交易达成。至此，两国银行间市场均已开展了人民币与韩元间直接交易，对便利贸易投资结算、降低汇兑成本、完善汇率机制都将起到积极作用。二是支持韩国在中国银行间债券市场发行人民币主权债。2015 年 12 月 15 日，韩国已在中国银行间债券市场成功发行 30 亿元、3 年期人民币主权债券。三是将在青岛市开展的企业自韩国银行机构借入人民币资金试点推广到山东全省。人民银行济南分行为落实这一金融合作事项，起草了《业务试点管理办法》，并于 2016 年 2 月举办了政策发布会和首批业务签约仪式，签约企业 11 家，协议借款金额超过 30 亿元。四是将韩国 RQFII 投资额度调增至

1200亿元。五是在风险可控的前提下，促进中韩债券市场基础设施，包括登记、托管、结算机构之间的互联互通机制建设。

此外，2015年12月25日，由中国倡议成立、57国共同筹建的亚洲基础设施投资银行（简称亚投行）正式成立。中韩两国同为这一新的多边金融机构的前六大出资国，意味着未来中韩两国将共同利用金融手段，在强化区域合作及推进区域经济发展方面发挥作用。

以中韩FTA为背景开启的中韩金融合作新阶段，表现出与人民币国际化及由此带来的东亚货币地位提升结合更紧密，以及重视金融市场互联互通等特点，与前一阶段相比，更清晰地指向提升东亚在全球货币金融体系中的地位这一长期战略性目标。

二、中韩金融合作存在的突出问题

中韩金融合作自两国正式建交开始起步，经过20余年的推进，取得了一定的成效，为双边贸易投资的发展提供了必要的支撑。但是，在中韩金融合作的实践中，仍然存在多方面问题，制约金融合作正面效应的提升，导致金融合作相对滞后于经贸合作的进程。

（一）跨境设立的金融机构本土化发展程度有待提升

金融机构跨境设立分支机构，通常基于“客户跟随”和分享东道国经济增长收益两类动机。中韩两国金融机构互设分支机构或法人机构尽管已经有较长的历史，在机构数量、分布地域方面也都有显著进展，但是，境外机构主要面向的仍是本国企业的境外机构、境外业务，本国侨民或本国居民短期出境的金融服务需求，新设立分支机构基本仍选择本国企业、个人聚集地区。这显示中韩金融机构跨境经营的动机仍然以“客户跟随”为主，通过更加深度地融入东道国经济来分享东道国经济增长收益的动机较弱。这一问题既存在金融机构层面的原因，即中韩两国金融业的发达程度都不是很高，缺少真正具有国际竞争力的大型金融机构，也存在政策层面的原因，主要是双方为对方金融机构在本国发展业务所提供的支持政策和便利化措施仍然不足。

从近几年的情况看，一些金融机构已经在主动调整，可以说进入了转变的过程，如工商银行在韩机构通过拓展韩国企业和个人客户、创新“内外联动”模式拓展在华韩资企业客户、推出网上银行等方式，积极发展本地业务，取得了良好的效果。但是，中韩金融机构合作的现状显示，在金融机构跨境设立的分支机构发展本地业务方面仍有很大的空间，有待中韩两国通过落实 FTA 中关于“两国金融企业进军对方国家或开放资本市场时，双方都应努力提供互惠待遇”的约定，逐步推进提升。

（二）汇率制度安排与离岸市场发展相对滞后

中韩两国间汇率安排、贸易投资的本币结算及离岸金融市场的发展，一方面对于双边经贸活动中节约汇兑和融资成本、降低汇率风险等有着重要意义，另一方面，也是东亚地区逐步摆脱美元依赖、提升区域在国际货币体系中地位的基本途径。

随着经济发展及与其他国家经贸联系日益密切，中国在 2008 年明确将推进人民币国际化进程、发展人民币离岸市场。推进人民币国际化是中国为促进国际货币格局向多元化发展的战略举措，不仅有利于中国构建与经济地位相适应的国际金融影响力，也有利于降低以美元为中心的国际货币体系给亚洲经济发展、金融稳定带来的负面影响。近年来，中国从汇率制度安排、人民币跨境结算、外汇交易等方面积极推进人民币国际化进程，主要措施包括：2008 年起，相继与包括韩国在内的多个国家和地区签署双边本币互换协议，截至 2016 年 3 月，中国与 33 个国家和地区的双边本币互换协议总金额已达到 33142 亿元人民币；2009 年启动跨境贸易人民币结算试点，2011 年全面推开；2011 年启动人民币对外直接投资和外商直接投资；持续推进人民币汇率形成机制改革，自 2010 年起，先后启动人民币与林吉特、卢布、日元、澳元、加元、新西兰元、英镑、欧元、新加坡元、瑞士法郎的直接交易；2010 年以来，加快建立境外人民币清算安排，先后指定了中国台湾、马来西亚、新加坡、英国伦敦、法国巴黎、卢森堡、韩国首尔等地的人民币清算行；2011 年，推出人民币境外合格机构投资者（RQFII）制度。

随着人民币国际化的推进，中韩间货币合作也得到拓展和深化，不仅建立了双边本币互换、人民币跨境结算、RQFII 等机制，还有一些特殊的试点安排，如 2015 年 7 月起在青岛开展的从韩国银行机构借入人民币借款试点。但是，从现状看，中韩间的汇率制度安排、人民币离岸市场发展等还未能达到与双边经贸关系相匹配的水平，对贸易投资发展的支撑作用有待加强。

人民币与韩元汇率安排方面，两国银行间市场开展了人民币与韩元间直接交易的时间较短，交易规模仍有待逐步扩大，交易价格要真正反映外汇市场上两种货币的供求关系，也需要一定时期的发展和交易机制的完善。

人民币跨境结算方面，根据人民银行《人民币国际化报告（2017)》，2016 年全年经常项目人民币结算金额达到 5.23 万亿元，外商直接投资（FDI）人民币结算金额为 1.40 万亿元，对外直接投资（ODI）人民币结算金额为 1.06 万亿元。据环球银行金融电信协会（SWIFT）统计，到 2016 年 12 月，人民币已成为全球第六大支付货币，市场占有率为 1.68%。作为中国第三大贸易伙伴的韩国，在人民币跨境收付量的国别（地区）排名中仅位列第 6，不仅落后于香港、新加坡、台湾、日本等东亚国家和地区，也落后于德国等欧洲国家。

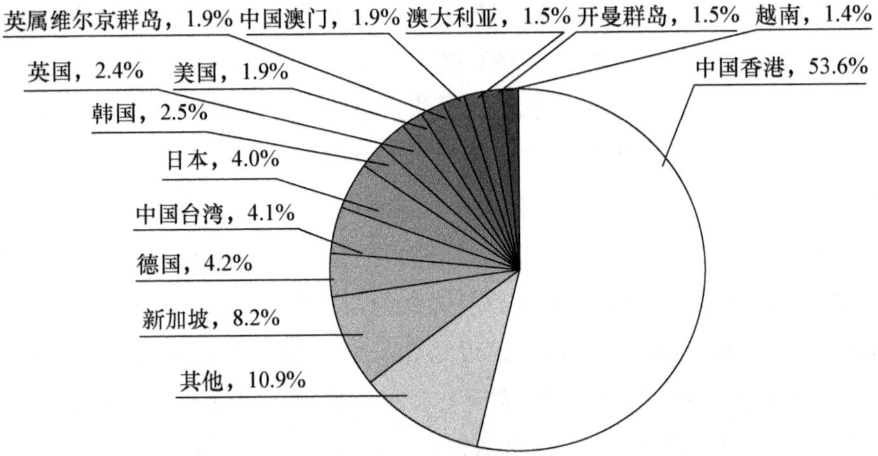

图 1　2016 年人民币跨境收支国别（地区）分布情况

资料来源：中国人民银行。

（三）资本市场合作程度不高

中韩两国资本市场的发展和开放进程并不一致。韩国方面，由于卢武铉和李明博在任韩国总统期间（2003—2013 年），提出了将韩国打造成为国际金融中心的政策目标，为了提高韩国金融服务业的竞争力，对资本市场进行了一系列重大改革。目前韩国资本市场基本迈入成熟市场行列，对外开放程度高，股票市场允许外国企业上市，并且外国投资者是市场的重要参与者，持有相当比例的股票。随着中韩经济融合程度的加深，中资企业赴韩国证券市场上市融资、开展并购交易等案例有所增加。2007 年首家在韩国证券期货交易所上市的外国企业就是中资企业，其后又有十余家中资企业在韩国上市。韩国中小企业厅的数据显示，2011 年至 2015 年 9 月，中国资本共对韩国 25 家上市公司和 7 家非上市公司进行投资，总计投资额为 29606 亿韩元，其中并购案例增加势头明显，2014 年并购交易占比已达 47.1%。2014 年 10 月，中国工商银行（亚洲）有限公司在韩国发行 1.8 亿元人民币债券，使韩国成为继香港、伦敦等地后的又一人民币离岸债券市场；2015 年 3 月，海航集团（国际）有限公司在韩国发行 2 亿元人民币债券，使韩国市场的离岸人民币债券由金融债券拓展到非金融企业债券。但是，在利用韩国资本市场的过程中，出现了多家企业上市后遭退市的情况，一定程度上影响了中资企业赴韩上市的积极性。

中国方面，由于证券市场发展历史不长，相关制度还不够完善、市场还未发展成熟。因此，在资本市场开放方面采取了渐进的方式，目前除通过“沪港通”建立起境内股票市场与香港股票市场间的互联互通关系外，其他国家和地区投资者都仅能通过合格境外机构投资者（QFII）投资中国 A 股，中国资本投资境外证券市场则须通过合格境内机构投资者（QDII）。截至 2015 年 4 月 28 日，18 家韩国机构获批 QFII 投资总额为 46.58 亿美元，占全部批准额度约 5.8%。根据外汇管理局的统计，截至 2015 年 6 月末，中国对外证券投资资产中，韩国证券 41 亿美元，占对外证券投资总资产比重约 1.4%，其中，股本证券 29 亿美元，债务债券 12 亿美元。

总体来看，中韩间证券发行、投资等案例仍然不多，融资和投资金额不大，相对于两国密切的经贸合作关系，中韩资本市场合作的水平还不高。

（四）共同推进区域金融合作力度还需加强

东亚区域货币金融合作正式启动的标志是亚洲金融危机后，2000 年东盟和中日韩（简称“10+3”）财长会议达成了清迈倡议，该倡议推动建立了双边货币互换机制。其后，尽管中国 2003 年就提出“推动清迈倡议多边化”的倡议，但这项工作推进缓慢，直到国际金融危机爆发后，2009 年召开了特别财长会决定加快清迈倡议多边化进程，3 个月后的财长会议上，各国财长就区域外汇储备库的一系列主要要素达成一致，机制才得以落实。从这一历程可以看出，东亚货币金融合作具有明显的危机驱动特点，中韩作为东亚地区的主要经济体，在推进区域合作方面发挥了一定作用，但从成效看还有待加强。

2015 年末亚投行的正式成立，体现中国在推进区域金融合作方面的主动性进一步增强，并将原来限于维护金融稳定的合作拓展到对亚洲地区经济社会发展有重要意义的开发性金融合作。韩国成为亚投行的第五大出资国，表明韩国对推进区域开发性金融合作的积极态度。亚投行将成为未来中韩两国共同推进区域金融合作的新平台。

三、未来深化中韩金融合作的对策建议

中韩经贸合作进入 3.0 时代，对双边金融合作提出了新的更高要求，两国应通过扩大双边金融开放、提供互惠待遇等方式，促进金融资源跨境流动，提高资源配置效率，为双边经贸发展提供有效支撑；通过完善汇率制度安排、建设离岸金融市场等途径，降低双边贸易投资成本，共同促进东亚货币地位提升；通过以亚投行为平台推进区域开发性金融合作发展、加强宏观层面协调交流，共同发挥好推动区域金融合作的作用。

(一) 扩大双边金融开放，促进金融资源跨境流动

一是在 FTA 框架下进一步推进双边金融开放。对中韩 FTA 中已做出承诺的领域，加快消除市场准入限制、落实国民待遇，对尚未做出承诺的领域，积极协商研究，争取进一步突破。同时，两国政府应着力清除实际操作层面可能存在的隐性壁垒，本着互惠原则及两国金融监管机构之间的业务合作谅解备忘录，切实为对方金融机构本国开展经营、提供跨境金融服务等提供便利和宽松的监管环境。党的十九大报告提出中国将“推动形成全面开放新格局”，金融开放是其中的重要内容。2018 年，中国推出一系列扩大金融开放的新举措，包括取消银行和金融资产管理公司的外资持股比例限制，对商业银行新发起设立的金融资产投资公司和理财公司的外资持股比例不设上限，将证券公司、基金管理公司、期货公司、人身险公司的外资持股比例的上限放宽到 51%，三年以

后不再设限；允许外国银行在中国境内同时设立分行和子行；取消合资证券公司境内股东至少有一家是证券公司的要求，不再对合资证券公司的业务范围单独设限；取消外资保险公司设立前需开设两年代表处的要求，允许符合条件的外国投资者来华经营保险代理业务和保险公估业务；大幅度扩大外资银行的业务范围，放开外资保险经纪公司经营的范围；鼓励在信托、金融租赁、汽车金融、货币经纪、消费金融等银行业金融领域引入外资等。这些举措将在年内逐步落实，韩国金融机构可以抓住中国扩大金融开放的有利时机，扩大在中国的投资和业务，增加与中国金融机构的合作。

二是积极推进金融市场互联互通。随着中国资本市场发展和改革的推进以及在资本市场开放方面的不断探索，中韩资本市场互联互通的条件将更加成熟，未来两国资本市场合作可成为深化金融合作的一个重要方面。在实现资本市场互联互通的条件尚不具备的阶段，两国证券监管部门、证券交易所等机构应加强沟通交流和信息共享，一方面增进现有合作模式的运用，如支持中资企业利用韩国证券市场融资，另一方面增进了解，并可开展对金融市场互联互通可行方案的联合研究等。

（二）加强汇率合作，加快发展离岸人民币市场

一是促进人民币与韩元直接交易规模扩大、人民币对韩元汇率维持基本稳定。应认识到国际金融危机后，过去东亚生产体系以欧美为最终市场的格局，已经因欧美等发达经济体的经济形势变化、战略和政策调整等发生了一定的变化，东亚地区面临来自欧美的外部需求萎缩的挑战。为此，中韩两国需要通过加强经贸合作，更好地利用两国经济的互补性来加以应对。运用人民币与韩元直接交易，减少以美元作为兑换中介产生的额外成本，从而降低双边经贸活动的成本，是促进经贸合作进一步加强的有效手段。在两国银行间市场人民币对韩元直接交易机制均已建立的基础上，通过完善做市商制度，促进交易规模不断扩大，实现兑换成本的有效降低。同时，两国央行应加强货币政策和外汇管理政策的沟通协调，共同促进人民币对韩元汇率的稳定，防范化解相关金融风险。

二是共同促进韩国离岸人民币市场发展。受全球经济贸易形势、人民币汇率等多重因素的影响，2015 年下半年以来，人民币国际化进程开始放缓。中国

银行跨境人民币指数（CRI）自 2015 年 8 月达到 321 的峰值后出现下降趋势，反映人民币跨境收付、境外流转出现收缩。在这种形势下，应考虑借助中韩 FTA 契机，支持韩国加快发展离岸人民币市场，形成对人民币国际化的一个支撑点。中方应落实好扩大 RQFII 额度、扩大国内企业自韩国银行机构借入人民币资金试点范围等合作事项，大力支持金融机构、企业在韩国发行人民币债券，构建多元化的人民币回流渠道，激励双边贸易、投资主体使用人民币进行结算，不断扩大韩国金融市场的人民币资产规模，加速离岸市场发展。韩方应发挥政府、金融机构、企业等多方作用，促进离岸人民币市场发展，如逐步建立发行人民币主权债券的常态化机制、鼓励企业在与中国及其他国家开展贸易、对外投资活动中利用人民币结算及融资等。

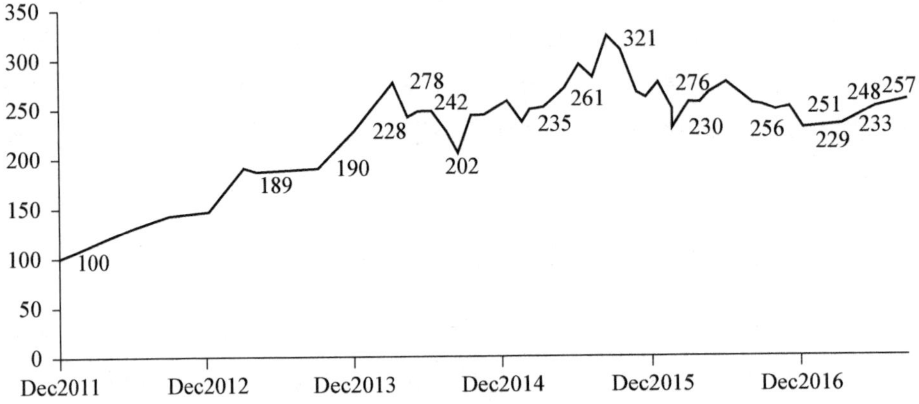

图 2　中国银行跨境人民币指数（CRI）变化情况

数据来源：中国银行。

（三）合作推动建立更加密切的区域金融合作机制

一是利用好亚投行平台。亚投行的成立，为亚洲地区特别是欠发达地区基础设施建设提供了重要的资金来源，在惠及建设项目所在地的同时，也将惠及区域内的其他经济体。从中韩两国的角度来看，比较直接的影响是亚投行对发展中国家基础设施建设提供资金支持，能带动国际工程承包相关需求增长，有利于中韩两国依靠国际工程承包领域的较强实力，实现商品、劳务等的输出，将国内出现过剩的产能利用起来。间接影响则来源于区域经济、贸易的发展，获得支持的地区基础设施条件改善，能增强其经济发展的动力，区域内经济体特别是欠发达经济体的经济发展能力提升，将会促进区域内贸易的活跃度，有利于形成更密切的亚洲区经济联系，一定程度上降低亚洲经济对欧美市场的依赖。对亚投行的投资方向、经营策略等问题，作为主要出资国的中韩两国应积极谋划，可通过交流研讨集合双方智慧，助力亚投行更好地发展和实现其宗旨。

二是加强沟通协调，共同推进区域货币金融合作。在多边金融机制中，中韩两国的合作关系大于竞争关系，有深化合作推动区域金融合作发展及争取权益的必要性。中韩两国应积极协调，共同推动“10＋3”机制强化区域金融安全网、支持人民币国际化。在IMF等全球性多边金融组织中，两国应共同致力于为新兴国家和发展中国家争取应有利益。

王元，中国国家发展和改革委员会经济研究所副室主任、副研究员

参考文献

[1] 慕丽杰，张微微．中国参与和推动东北亚区域金融合作的路径选择[J]．国际金融，2014（11）．

[2] 芮晓恒．FTA时代中韩经贸关系的新趋势引发关注［N］．南方都市报，2015-6-3．

[3] 王治华．中韩金融合作存在的问题和对策［J］．中国外资，2012（2下）．

[4] 中国人民银行．人民币国际化报告（2017年），2015．10．

[5] 中国银行业协会贸易金融专业委员会．《中国银行业人民币国际化业务发展报告》发布［J］．中国银行业，2016（4）．

探索中韩两国于北方地区[①]的经济合作方案

郑余泉

一、中韩两国在北方地区的经济合作情况

20世纪90年代初，随着东西方冷战的结束，有关朝鲜半岛北方地区经济合作的议题引起了热烈讨论，各界提出的建议涉及该地区的各种基础设施建设和资源开发，以及金融或环境等多个领域的合作方案，其中一部分确实摆上了国家之间合作项目的谈判桌。但是进入21世纪初期，北方地区经济合作相关讨论逐渐退热，曾经引起全球关注的合作项目大多虎头蛇尾，未能取得实质性进展。众所周知的“图们江地区开发计划（TRADP）”[②]是最具代表性的案例。20世纪90年代末到21世纪初引起韩国各界关注的中国、俄罗斯、韩国三国“联合开发伊尔库茨克气田”同样属于此类项目，中国主动提出的关于成立“东北亚开发银行”的建议也存在类似隐忧。

当然，在北方地区推行的国家之间经济合作项目也不乏成功案例，但这些案例大多是两国之间的双边合作项目，规模也相对较小。比如，中俄边境地区有多处完成公路、铁路衔接项目或电力输送基础设施建设项目的成功案例，韩国熟悉的罗津、先锋在内的朝鲜边境通过与俄罗斯或中国的双边合作完成了基础设施建设和资源开发项目，蒙古国同样在边境地区与中国和俄罗斯开展了基础设施建设和资源开发项目。

20世纪90年代，全球东西方冷战结构解体后，以朝鲜半岛北方地区为中心的东北亚地区政治、外交、安保等紧张局势仍持续升级。例如，20世纪

---

① 本文所指“北方地区”是韩国视角的区域名称，指朝鲜半岛以北的大陆地区。

② TRADP是在UNDP主导下为开发图们江边境地区于20世纪90年代初期启动的项目，1995年签署五国（中、俄、朝鲜、韩国、蒙古国）协定并成立了决策机构和秘书处。但是，此后十余年没有达成任何实质性进展，2005年在中国主导下转为“大图们江地区开发计划（GTI）”，当时朝鲜从成员国中退出。

初发生的朝核问题以及为解决此问题而组织的“六方会谈”的破裂，就突出反映了这一局势。国家之间关系的紧张和对立，自然会阻碍多边经济合作项目的顺利开展，“图们江地区开发计划（TRADP）”的多边合作项目未能获得成功，其主要原因就是冷战局面解体后尚存于东北亚地区的政治、外交局势紧张。

20世纪初浮出水面的北方地区政治、外交、安保局势紧张至今仍未缓解，反而随着时间流逝进一步扩大并走向了固化。“六方会谈”因朝核问题而启动和结束，如今已经转变为朝鲜正式宣布进行核试验，危机更加严重。东北亚国家之间历史问题和领土问题的对立和矛盾，给国家之间试图开展合作的热情泼上了冷水。而且，近年崛起的中国和推行“回归亚洲”战略的美国之间的较量，在整个东亚地区愈演愈烈。在这种全球层面的政治、安保环境变化的激流中，韩国政府欲开展“东北亚和平合作”和“欧亚合作倡议”的构思，似乎越加举步维艰。

虽然面临各种不利环境，但我们仍有必要努力推行北方地区多边经济合作。这一努力不仅可以应对未来的政治、安保环境变化，或许还能成为缓和及摆脱当前不利环境的一种手段。下面首先就多边经济合作对北方地区的重要性和必要性加以总结，再就中韩两国的合作方案开展进一步分析和讨论。

二、北方地区开展多边经济合作的必要性

（一） 东北亚①国家之间开展多边经济合作的潜力

把东北亚地区视为一个区域，从该区域国家丰富多样的生产要素中可以发现，发挥该区域经济发展无穷潜力的最有效路径，或许就是国家之间的多边经济合作。

北方地区的天然资源是东北亚最重要的生产要素。其中，俄罗斯远东地区的地下资源、森林资源以及渔业资源的蕴藏量和生产量堪称世界级的天然资源

① 这里指狭义的东北亚地区，即中国东北地区和俄罗斯远东地区、蒙古东部地区以及包括朝鲜半岛和日本的地区。

宝库。比如，俄罗斯埋藏量中约 70%的锡、约 50%的黄金和铀以及约 20%的稀贵金属均在远东地区，远东地区的萨哈共和国为俄罗斯提供了 95%以上的钻石生产量，还拥有高达 98 亿吨的煤炭预测埋藏量以及 260 亿吨和 13 兆立方米的石油与天然气潜在资源量。

中国东北地区作为北方地区地理中心，是中国境内最大的地下资源生产基地，尤其石油和铁矿占中国储藏量的 24%和 30%，天然气和煤炭储藏量、产量也很丰富①。东北地区主要地下资源储量如表 1 所示，石油、煤炭、天然气主要蕴藏在黑龙江省，② 铁矿和菱镁矿主要储藏在辽宁省。邻近中国东北地区的蒙古国同样拥有丰富的天然资源，是世界十大资源富国之一，特别是蒙古国东部地区，其煤炭和铜资源是曾经引起激烈开发竞争的全球关注焦点。

表 1　中国东三省资源储藏量现况（2013 年数据）

地　区		石油（亿吨）	铁矿（亿吨）	煤炭（亿吨）	天然气（亿立方米）	菱镁矿（万吨）
全中国		33.7	199.2	2362.9	46428.8	120747.5
东三省	储藏量	8.1	61.1	99.7	2279.8	104835.3
	占比	24.0%	30.7%	4.2%	4.9%	86.8%
辽宁		1.6(19.8%)	56.2(92.0%)	28.3(28.4%)	169.5(7.4%)	104834.2(100%)
吉林		1.8(22.2%)	4.5(7.4%)	10.0(10.0%)	756.4(33.2%)	1.1
黑龙江		4.7(58.0%)	0.4(0.7%)	61.4(61.6%)	1353.9(59.4%)	0

注：（ ）中是东三省各省份的占比。
资料来源：《中国统计年鉴》(2014)。

韩国和日本则属于东北亚几乎没有地下资源储量的国家，与上述地区形成鲜明对比。虽然朝鲜半岛北部（即朝鲜）埋藏着丰富的无烟煤和铁、锌、菱镁矿，还有大量钨、石墨、黄金和稀土类资源，但韩国绝大部分天然资源依赖于进口，包括作为制造业原料的金属和非金属矿产在内。日本情况也类似，除了极少数矿产资源（镉、铋、石灰石等）可满足国内需求以外，其余制造业所需原材料均依赖进口。

---

① 世界能源市场洞察者 (2015.1.9)．第 15—1 号 p.46。

② 唯有黑龙江省的中国最大规模大庆油田自 1960 年以来半个多世纪的大量开发导致油田经济价值越来越低。

但是，众所周知，韩国、日本（尤其是日本）凭借技术和资本生产要素已经站在了世界级制造业国家的地位。韩国的电子电气、半导体以及造船产业拥有世界顶级竞争力，而日本在汽车、机械、食品产业等大多数制造业领域拥有尖端技术力量。与此相反，俄罗斯远东地区除了渔业、木材、矿物性燃料以及部分矿产资源以外，在国际市场几乎没有具备竞争力的产品。蒙古国东部地区和朝鲜的产品竞争力也大体类似，朝鲜只在部分纺织和服装产品上拥有竞争力。① 中国东北地区在国际市场的产品竞争力指数相对较高，拥有更多比较优势产品，但高附加值制造业技术力量仍不够雄厚（见表 2）。

表 2　中国东三省比较优势产业产品

HS 代码（2 单位）	商品名称
10	粮食
11—24	农副水产品加工食品
26	矿砂、矿渣、矿灰
27	矿物燃料
28—29	无机化学品、有机化学品、稀土金属等
43	毛皮
44—45	木材、软木
53—65	纤维、服装
68	水泥、石英、云母
72—73	钢铁、钢铁产品
75—76	镍、铝及其产品
81	其他贱金属及其产品
86	铁路与铁路车辆
88	飞机
89	船舶
93	武器、军火及零附件

注：表中所列是 2006 年和 2014 年皆为 RCA≥1 的商品。

资料来源：이상준 等：关于朝鲜半岛北方地区未来综合发展的基本构思，经济人文社会研究会联合研究汇编（2015-18-01），p. 88。

作为东北亚天然资源宝库的俄罗斯远东地区，其经济发展的根本障碍因素就是人口过少。苏联解体以后，该地区出现了大量人口流失，导致近来人口已

① 이상준 等：关于朝鲜半岛北方地区未来综合发展的基本构思，经济人文社会研究会联合研究汇编（2015-18-01），p. 93-95。

经缩减到约 620 万人①。不仅如此，远东地区还是俄罗斯八个联邦管区中青少年人口比重减少最快、劳动人口增长率最低的地区，预测劳动力问题将会成为长期阻碍该地区经济发展的第一大生产要素。

但是其他东北亚国家（地区）的劳动力并不像俄罗斯远东地区那样严重缺乏。虽然日本和韩国以及近年来的中国东北地区出现了不同程度的人口老龄化和劳动人口逐渐减少现象，但包括朝鲜和蒙古国在内，东北亚地区总人口仍可达到 3 亿人，而且其接受教育水平等劳动力质量方面也高于世界平均水平。

表 3　俄罗斯各联邦管区人口变化（单位：千人，以每年度 1 月 1 日为基准）

地　区	1990 年	2001 年	2012 年		增减率（2012 年基准）	
					与 1990 对比	与 2001 年对比
俄联邦总人口	147665	146304	143056	100%	−3.1%	−2.2%
中央联邦管区	38018	38175	38538	26.9%	1.4%	1.0%
西北联邦管区	15310	14199	13660	9.5%	−10.8%	−3.8%
南部联邦管区	13324	14060	13884	9.7%	4.2%	−1.3%
北高加索联邦管区	7373	8702	9493	6.6%	28.8%	9.1%
伏尔加沿岸联邦管区	31764	31532	29811	20.8%	−6.1%	−5.5%
乌拉尔联邦管区	12725	12471	12143	8.5%	−4.6%	−2.6%
西伯利亚联邦管区	21106	20333	19261	13.5%	−8.7%	−5.3%
远东联邦管区	8045	6832	6266	4.4%	−22.1%	−8.3%

资料来源：제성훈, 강부균：三届普京政府的远东开发计划和俄韩合作课题，今日世界经济（KIEP），Vol. 13，No. 11，p. 7（2013. 3. 28）。

如上所述，东北亚国家之间存在生产要素分布的显著差距，尤其俄罗斯远东地区、蒙古国、朝鲜和韩国以及日本之间的差距极其明显。相反，占据北方地区地理中心的中国东北地区，其天然资源、劳动力、技术力量等可以认为均为中等水平。分析上述东北亚地区国家之间的生产要素分布，意在指出从政策角度强调多边合作的必要性和重要性，即为了实现整个东北亚地区的经济发展，各国需要解决通过多边合作有效结合比较优势的生产要素从而极大提高协同效应的课题。

---

① 远东地区虽然面积占据整个俄罗斯的约 35%，但人口仅占俄罗斯总人口的 4.4%，是人口密度为 1/km^2 的人口极少地区。

需要额外考虑的是，东北亚地区是衔接欧亚大陆和亚太地区的关卡，这一地理位置条件虽然不是传统意义的生产要素，却是该地区拥有巨大潜力的经济发展动力，而实现和发挥这一潜力作用，多边合作也是必需的。位于欧亚大陆东端的东北亚地区邻近全球吞吐量最大的港口和横贯欧亚大陆的世界最长铁路，具备了未来开发新北极航线和内陆水运的地理条件，无论从区域层面还是全球角度来看，都是交通、物流基础设施开发潜力很大的地区。但是考虑到该地区的地理、产业选址条件，要充分发挥这一开发潜力，首先需要该地区各环节作为一个交通、物流整体形成有机整合。

（二） 关于北方地区的开发政策和国际合作的必要性

朝鲜半岛北方地区大体属于远离相关国家政治、经济中心的边缘地区，持久的东西方冷战导致该地区经济结构僵化，发展水平相对落后。20 世纪 90 年代以后，北方地区各国政府才开始加快相关地区的经济开发，尤其是中国和俄罗斯政府从国家层面推行东北地区和远东地区开发政策，无论其规模还是波及效果均具有重大意义。这些区域开发政策不仅推动了该地区产业结构的积极调整以及大规模基础设施建设，更成为带动该地区传统经济结构发生根本变化的动力。

中俄政府正在积极探寻与周边地区（国家）的联系与合作，以制订和推行东北地区与远东地区的开发政策。中国东北地区开发计划的原定目标是开发落后的老工业基地，但从 21 世纪初期中国加强对外开放、强调与周边国家的合作以来，“跨境合作”成为东北开发政策的一个核心课题。[①] 中国政府的政策基调直接反映在东北各省的开发计划上。最具代表性的案例就是吉林省的“长吉图开发开放先导区”计划，该计划包括了衔接中国和朝鲜城市珲春和罗津的高速公路建设、图们和南阳（朝鲜）的现代化铁路线项目，还包括了俄罗斯和蒙古国（中蒙大通道计划）接壤地区通商口岸、海关以及运输基础设施的扩建项目。该计划除了双边合作项目以外，还包括衔接图们—南阳—图们江—哈桑的现代化铁路线项目等三边（中朝俄）联合项目，长远目标对象扩展到了朝鲜半

① 该政策在中国政府于 2005 年发布的“关于促进东北老工业基地进一步扩大对外开放的实施意见”中，作为对外开放的具体方案提出的对朝“路、港、区一体化”建设以及对俄“路、港、口岸一体化”政策中有所体现。원동욱 (2013)，pp. 92-93.

岛和日本西海岸地区。

中国政府于 2011 年制订的“东北振兴‘十二五’规划”中，专门利用一个章节强调了扩大对外开放、全面开放东北沿海边境地区，推进经济结构调整。而且，在 2012 年 8 月发表的“中国东北地区面向东北亚区域开放规划纲要”中，中国政府明确了将东北地区培育成东北亚经济圈中心的目标，为实现这一目标还制订了加强交通运输网络建设、构建互联互通国际通道规划，并特别强调发挥重点经济区、区域中心城市、重点边境城市和重点开放区的引领带动作用。①

俄罗斯政府的远东地区开发政策始于 2000 年代初，该政策从开始就强调了“亚太地区整合”的基本方向。这一目的源于倾向于欧洲的俄罗斯对外关系转向亚太地区的多元化战略，同时反映了一个事实，即如果没有东北亚为中心的亚太地区国家的需求支撑，作为俄罗斯经济发展核心战略之一的远东地区天然资源开发与出口是很难实现的。俄罗斯政府为实现广阔远东地区和亚太地区的整合，提出了重视加强贸易、投资关系，加入亚太地区多边合作机构等宏观制度方面的衔接，在规划石油、天然气、铁路等相关产业政策以及远东地区的联邦项目开发方面，也制定了考虑与周边国家联系的诸多基础设施建设项目计划。典型案例如远东、东西伯利亚地区的油田与气田开发，输油管、输气管建设以及出口计划，还包括连接西伯利亚横贯铁路（TSR）和朝鲜半岛纵贯铁路（TKR）路线的建设计划。对中、对朝等接壤国家的供电计划也属于其中案例，此外，远东地区南部石油化学园区与冶炼复合园区建设计划、港湾和机场开发计划的制订方面，均考虑了亚太地区的资源与物流需求。俄罗斯政府于 2015 年开始在远东地区设立了十多处“经济先导区”，给予税收及行政上的极大优惠，努力吸引外国投资。同时，指定符拉迪沃斯托克市附近为自由港（Free Port），把促进外国企业和企业家来往和交流视为最优先政策方向。②

从上述中国东北地区开发政策以及俄罗斯远东开发政策内容可以看出，未

① 원동욱 等：中国东北地区开发与新北方经济合作条件，KIEP 研究报告 2013—2014，p. 32。

② 2012 年的 APEC 峰会为契机开始具体成型的符拉迪沃斯托克开发计划，其目标是通过极大提高邻近中国、日本以及朝鲜、韩国的地理优势，以此发展远东地区代表性关口城市以及东北亚地区商务及会展中心。

来对北方地区中长期经济发展产生最大影响的国家层面地区开发政策，其基本方向到具体内容都在寻求与东北亚地区周边国家的联系与合作，而且这些开发政策都在寻求与整个东北亚地区而非周边一两个国家的共同联系与合作。如此看来，相关国家地区开发政策的成功实施将对未来北方地区经济发展产生巨大影响，因此，该地区的多边经济合作将是必不可少的因素。

（三）以多边经济合作缓和东北亚地区矛盾的必要性

如前所述，20 世纪 90 年代起即推行北方地区多边合作的东北亚地区国家之间最大的障碍因素就是政治、外交紧张局势和矛盾，这种状况不仅至今未得到改善，反而在近几年由于中国崛起和美国“回归亚洲”战略的不断较量，越发凸显了。东北亚地区甚至于出现了所谓“海洋势力”和“大陆势力”交汇与碰撞的结构化倾向，使得未来北方地区多边合作前景更加暗淡。

即便如此，如前两部分所述，从东北亚地区生产要素蕴藏情况和相关国家推行的北方地区开发政策内容来看，该地区的多边经济合作仍是东北亚国家互惠互利、有效发展经济的必备要素。如果东北亚的“海洋势力”和“大陆势力”矛盾成为事实，那么，无论是中国政府推行的东北地区开发政策还是俄罗斯的远东地区开发政策，其国际合作范围将如 20 世纪 90 年代以来该地区的合作项目一样，只能是局限在中国、俄罗斯、朝鲜以及蒙古国之间的双边合作，中国和俄罗斯所希望的北方地区开发政策目标也无法实现。

无论目前环境多么不利，另一个必须为实现北方地区多边经济合作做出努力的原因，就是这种努力本身可能会成为缓和东北亚地区渐成事实的外交、安保矛盾与对立的手段。搞活经济交流与合作，是缓和国家之间矛盾与争端的一个机制，这是各国普遍承认的命题，这一命题在东北亚地区同样成立，没有例外。[①] 因此，积极开展多边经济合作，以此作为解决矛盾的手段，相比忽视经济合作而只顾优先解决政治、外交、安保矛盾更有必要。当然，此时的经济合作应以最大程度减少现存矛盾因素的方式开展，有必要选择视效果逐渐扩大的渐进方式。

---

① 关于东北亚地区上述问题的探讨可参考 이진영 的“东北亚地区经济方面相互依赖与争端：相生或同床异梦？”一文，发表于《国际政治论丛》第 53 集 3 号（2013），pp. 69-102。

三、促进北方地区多边经济合作的中韩合作

（一）中韩合作在北方地区多边经济合作中的作用

韩国位于东北亚大陆和海洋之间，且从东北亚地区政治、经济地形来看，韩国可谓一个从各种层面具有复合性质的国家。二次大战结束后，韩国从外交和安保方面与美国结成了同盟关系，而与日本虽为友邦国家，却因历史、领土问题而存在很深的矛盾。另一方面，韩国在冷战局势解体后的20余年间，与中国、俄罗斯、蒙古国等大陆国家的友好关系不断加深，特别是中国，在历史、文化方面与韩国颇有渊源。上述事实表明，从政治方面看，韩国处于东北亚国家之间矛盾的多重交界中；从经济方面看，中韩1992年建交20多年以来，韩国与中国有了比任何国家更加深层的合作。比如，韩国是东北亚国家中唯一与中国签署FTA的国家，韩国经济与中国经济的深厚合作未来仍会继续深化和发展。韩国经济以制造业为主的进出口结构，其对外依赖度很高，也需要与周边国家开展更高层次的资源、市场、投资交流。

从韩国与东北亚国家的多重联系局面考虑，该地区的“海洋势力”“大陆势力”以及划分“中日”和“中俄”的矛盾结构的持续或加深，对韩国来讲处境并不理想。也因此韩国在北方地区推行多边经济合作拥有充分动机。

中国与东北亚地区接壤最多，因此成为该地区出现的大部分政治、外交、安保问题的直接或间接当事国。在经济层面也一样，中国是东北亚地区最大商品市场，假如排除作为重要资本投资对象的中国，是很难找到国际经济合作焦点的。尤其在北方地区，中国无论从地理位置还是经济规模均占有绝对重要地位，因此可以说，把中国排除在外，几乎不可能谈论北方地区的多边合作问题。

中国主导了20世纪90年代以后开展的大部分北方地区多边经济合作项目的商讨。如上所述，考虑到中国在东北亚以及北方地区的客观地位，未来无论东北亚地区政治、外交矛盾如何发展，中国在北方地区主导多边合作项目的意志也不会有所改变。

根据上述事实，推行北方地区多边合作项目，韩国和中国基本上是东北亚

地区国家中最具参与动机的两个国家，中韩两国的紧密合作关系也会成为促进北方地区多边经济合作的重要因素。与此同时，从中国立场看，韩国的参与不仅能为合作项目创造经济效益，还具有为东北亚地区的稳定和平做出贡献的附加意义。

（二）促进北方地区多边合作的中韩合作方案

在中韩两国合作前提下开展北方地区多边经济合作的方案，关键在于极大提高参与国参与项目的动力。考虑到当前东北亚国家之间仍存有政治、外交矛盾，北方地区还未形成推行多边合作的友好环境，因此在可实行的项目方案中，优先选择所有参与国家均可获得实际利益的项目方案是最为关键的。应选择无论对个别国家还是对东北亚整体经济发展均有实质性贡献的项目方案，从政治、外交名义出发也应具有推行方案的动力。考虑到上述观点，目前在北方地区开展的多个项目所属领域中，多边运输和物流基础设施开发、多边共同产业园区建设两大领域，以中韩两国为主导进一步推行合作十分必要。

1. 多边运输和物流基础设施的开发项目

目前，中国和俄罗斯以及韩国都在国家层面制订了衔接东北亚地区大陆和海洋的复合型、多层次交通、运输基础设施开发计划。上述基础设施的开发不仅对相关国家的经济发展有利，对附近东北亚地区的飞跃发展以及全球级物流、运输网络的进一步发展也很有必要。

俄罗斯政府为了把远东地区发展成为连接欧洲和东北亚的国际运输走廊（International Transport Corridor），制订了铁路、海运、港湾和航空、机场与物流站设施以及营运系统的扩建与现代化计划，其中太平洋沿岸港湾的现代化计划衔接了与此相连的铁路线、内陆水运以及未来北极航线的开发计划，俄远东地区交通、物流开发的核心项目，即位于俄滨海边疆区南部自由经济区的港口开发计划均基于这个范围广大的复合运输系统。

中国政府基于东北地区为中心的东北亚经济圈战略，制订了连接该地区和周边接壤国的交通、运输网络规划，计划通过扩建和新建与东北地区接壤的俄罗斯、朝鲜以及蒙古国相连的铁路、公路设施，以此确保稳定的资源进口线路和出口通道，同时为了拓展相对封闭的东北地区的出海通路，中国高度重视与朝鲜、俄罗斯东海港口相连的铁路、公路线的开发。针对中国政府的这一东北地区交通、物流领域开发计划，我们可以理解为中国计划将该地区运输、物流线和现有西伯利亚铁路线以及正在推行的“一带一路”进行多层次衔接，使全中国成为欧亚大陆交通与物流中心。

中国和俄罗斯可能会根据东北亚地区运输、物流基础设施建设的长期项目在两国共同通道区衍生出各种合作项目。这些地区对中俄两国以及作为整个东北亚的运输、物流结点都非常重要，对于需要构建有效进出口物流体系来发展经济的韩国也具有重大意义。比如，近来中俄之间洽谈的哈尔滨—符拉迪沃斯托克内陆水运航线的开发项目以及中俄边境地区扎鲁比诺港开发项目，对韩国构建国际物流体系也属于很重要的项目。连接图们江沿岸接壤地区交通中心（罗津、图们、珲春以及哈桑、克拉斯基诺等）的铁路线以及与此相连的港湾现代化建设项目，也将对构建韩国未来国际物流体系产生深远影响。此类基础设施建设项目首先是中俄韩三国的经济合作项目，适合在三国企业之间以联盟形式开展。上述项目中有一部分曾经有过韩国企业以单独投资方式推行而失败的经验，近来也有中国企业单独推进，但是，从其性质来看，还是以中俄韩三国联合开发后，再逐渐以多边合作项目形式发展为宜。

2. 多边共建产业园区项目

多边经济合作项目的成功推行，需要资本、经验以及国际性质因素时，应当组成多边联盟。目前北方地区适合以多边联盟形式开展的，则应是中国东北地区和俄罗斯远东地区推行的国际性工业园或商务中心建设项目。

中国东北地区有多处正在开展的国际产业园建设项目，据了解，其中位于中俄边境的大部分属于中国主导的双边合作项目。[①] 为进一步搞活边境地区国际产业园，建议韩国也参与进去，开发三国产业园项目。如果有韩国参与的三国合作项目而非中俄双边项目成型，那么这些园区很有可能跨越单纯中俄边境贸易和产业合作，而名副其实地成为国际产业园区，也能为韩国企业进军该地区做出贡献。

---

① 据了解，此类案例主要包括黑龙江省规划的牡丹江市华茂国际物流基地、绥芬河市国际物流园、佳木斯市世界贸易中心等。

俄罗斯远东地区开发政策很久以前就开始推行，但是很少尝试建设国际产业园。① 俄罗斯远东地区要想发展成为东北亚地区的核心生产基地，建设各种形式的国际产业园是很有必要的，而这项工作由中国、韩国通过多边合作共同参与将比俄罗斯单独开发更有利于吸引企业入驻园区、搞活生产和销售。俄罗斯远东地区内需市场规模较小，而中国和韩国市场可能会为国际产业园的成功实施发挥重要作用。此外，俄罗斯远东地区的符拉迪沃斯托克市正在开发建设东北亚商务、会展以及旅游中心项目，如果在初期阶段有韩国和中国主动参与，积极挖掘和推动至少三国以上的多国联盟形式的开发项目，将会更有利于吸引韩国和中国的企业以及游客的关注。

郑余泉，韩国对外经济政策研究院高级研究委员

参考文献

[1] 원동욱 等. 中国东北地区开发与新北方经济合作条件 [R]. KIEP 研究报告，2013-2014.

[2] 이상준 等. 关于朝鲜半岛北方地区的未来综合发展的基本构思 [R]. 经济人文社会研究会联合研究汇编，2015-18-01.

[3] 이진영，东北亚地区经济方面相互依赖与争端：相生或同床异梦？[J]. 国际政治论丛，2013，53 (3).

[4] 제성훈，강부균 . 3 届普京政府的远东开发计划和俄韩合作课题 [J]. 今日世界经济，KIEP 2013，Vol. 13，No. 11

[5] 世界能源市场洞察者，2015 (15-1).

[6] 中国统计年鉴，2014.

① 这类产业园比较少见，例如乌苏里斯克地区中国工业园。

中韩后FTA时代的区域经济合作战略研究

杨长湧

中韩都是具有区域和全球重要影响力的国家，也都有各自的区域经济战略。后FTA时代，加强两国区域经济战略对接，有利于进一步实现中韩合作共赢，也有利于推动区域经济一体化。应以东亚为深耕区域，以东北亚和东南亚为两大板块，以自由贸易区合作、图们江次区域合作及在东盟的第三方市场国际产能合作为三个抓手，推动中韩区域经济合作迈向深入。

一、后FTA时代中韩加强区域经济合作面临有利形势

（一）区域经济合作成为经济全球化的新动力

当今世界，经济全球化仍在曲折中向纵深发展，但驱动力发生新变化。受多种因素影响，多边贸易体制发展坎坷，贸易投资保护主义抬头，贸易摩擦政治化倾向抬头。同时，区域经济合作蓬勃发展，自由贸易协定大量涌现，成为经济全球化的新动力。这为中韩加快推进各自区域经济战略并加强合作互动提供了有利的国际经济环境。

（二）“东亚轨”和“亚太轨”相互竞争、共同发展态势日益明显

随着CPTPP签署，“东亚轨”合作和“亚太轨”合作初步形成相互竞争、共同发展态势。“东亚轨”中形成中日韩、“10＋1”、“10＋3”等三个核心机制，中国-东盟自贸区实现升级，韩国-东盟自贸区、日本-东盟自贸区已经生效，中日韩自贸区谈判向前推进。目前，东亚区域内贸易额占总贸易额比重已达一半以上，汽车、电子信息产品等领域构建起东亚生产网络，以清迈倡议多边化为核心的东亚金融安全网也已形成。“亚太轨”中CPTPP已经签署，RCEP谈判和亚太自贸区建设稳步推进。这两个轨道都是区域经济一体化的重

要路径，两者相互竞争、相互促进，为中韩加强区域经济合作提供了更加广阔的平台。

（三）中韩对外开放都在进一步深化，区域合作战略对接空间扩大

目前，中国对外开放呈现“一带一路”建设为重点的全面开放新特征，区域合作领域明显扩大、深度明显增加、主动性明显增强。韩国提出欧亚倡议，扩大与亚欧大陆经济体合作，推行新时期的贸易战略路线图。中韩已签署关于“一带一路”和欧亚倡议对接的备忘录及系列文件，加快推动区域经济一体化，促进两国企业强强联合，探索在第三国开展基础设施和产能合作。这成为后FTA时代两国开放合作步入新阶段的重要标志，将极大推动两国区域经济战略的对接和互动。

二、中韩区域经济合作应以东亚为主要深耕区域，以“一个目标、两个板块、三个抓手”为总体思路

（一）以东亚为主要深耕区域

首先，中韩都是东亚国家，都是东亚生产网络重要参与国，在东亚系列合作机制中都发挥重要作用。以东亚为两国区域经济合作主要空间具备深厚的地缘、经济和政治基础。

其次，东亚在中国“一带一路”和韩国欧亚倡议中都占据重要地位。建设包括东亚在内的周边大市场是中国自贸区战略布局的首要方向，使韩国成为东亚经济一体化的关键则是韩国新时期贸易战略路线图的重要内容。因此，东亚是两国区域经济战略的重要交汇点，以东亚为推进经济合作的主要空间，符合两国各自区域经济战略重点方向（见附表1）。

（二）以“一个目标、两个板块、三个抓手”为总体思路

一个目标即推动东亚经济一体化，形成具备自我循环功能的东亚经济圈。国际金融危机爆发前，全球形成大三角分工格局，美国和欧盟是主要消费市

场，东亚生产网络主要供给轻工、电子信息、汽车等制成品，中东主要供给能源。东亚经济体对美欧市场的依赖十分明显，与美欧经济周期同步震荡的风险突出。近年来，随着中国经济保持中高速增长、迈向高收入国家以及东盟若干中低收入经济体进一步融入全球化和区域经济合作，韩国、日本的技术和产业优势，中国的市场、资本和产业优势以及东盟的要素优势之间互补性日益凸显，东亚经济体已初步具备构建从研发、零部件生产、加工组装、销售到最终消费的完整价值链的能力。中韩在东亚加强区域经济合作的主要目标，应该就是促进本区域经济一体化，减少对域外市场的依赖，增强东亚经济圈的自我循环功能。

两个板块即东北亚板块和东南亚板块。东北亚板块合作对象是日本和蒙古。俄罗斯从地理上属于欧洲国家，但在东北亚区域具有很深的政治经济存在和介入，因此也应纳入东北亚合作对象范畴。随着朝鲜半岛和平进程得以稳步推进，朝鲜加大对外经济合作力度，也应成为东北亚合作重要的新兴伙伴。东南亚板块的合作对象是东盟国家。

三个抓手即自由贸易区合作、第三方市场国际产能合作和经济次区域合作。自由贸易区合作主要是推动东亚区域货物和服务流动自由化便利化。第三方市场国际产能合作主要是推动构建东亚区域价值链，共同提高中韩及第三方市场工业化水平。经济次区域合作主要是扩大合作领域，促进交通、能源、旅游、农业、环保多领域合作。

三、以中日韩自贸区和图们江次区域合作为抓手，推动中韩在东北亚区域的经济合作

（一）中日韩自贸区谈判的关键在日本，核心是农产品市场准入和服务业市场准入

中日韩三方分别于 2003—2009 年和 2010—2012 年就三国自贸区进行了学术研究和官产学联合研究，并得出积极结论。2012 年 5 月，三国领导人在北京达成建设自贸区的共识，同年 11 月，中日韩自贸区谈判正式启动。2015 年 11 月，三国领导人发表联合宣言，重申将进一步努力加速谈判，最终缔结全面、

高水平和互惠的自贸协定。2018 年 5 月，中日韩领导人会议发表联合宣言，重申将进一步加速中日韩自贸区谈判，力争达成全面、高水平、互惠且具有自身价值的自贸协定。

1. 在中韩已签署 FTA 的形势下，日本成为能否尽快完成中日韩自贸区谈判的关键

首先，对中韩而言，只要将给予对方的市场准入条件按照最惠国待遇拓展至日本即可，最多在部分产品领域进行小幅调整。但对日本而言，其与中国或韩国尚未形成任何双边或区域自由贸易协定，中日之间、韩日之间在所有产品和服务的市场准入方面都缺乏谈判经验和谈判成果，一切都需要从零开始。与中韩已形成 FTA 的情形相比，中日之间、韩日之间达成谈判共识的难度显然更大，也使得日本成为中日韩自贸区谈判继续推进的关键。

其次，CPTPP 已正式签署，而中日韩自贸区谈判进展不尽如人意。在此情形下，有观点认为日本可将 CPTPP 作为中日韩自贸区的替代。甚至有观点认为，韩国也可通过加入 CPTPP 获得和日本签署 FTA 同样的效果。若这些观点被广泛接受，势必给中日韩自贸区谈判带来消极影响。

2. 完成中日韩自贸区谈判应成为中日韩三国在推进区域经济一体化中的共同首选

目前，东亚经济一体化主要有中日韩自贸区、RCEP、CPTPP 等三条路径。对于中日韩三国而言，这三条路径的经贸收益和谈判难度存在差异。综合判断，中日韩自贸区应成为三国共同的首选。

对于韩国而言，从经贸收益看，完成中日韩自贸区谈判有利于进入中国和日本市场。完成 RCEP 谈判有利于进入中国、日本、东盟、澳大利亚、新西兰和印度市场，但韩国与东盟、澳大利亚、新西兰、印度都已签署 FTA，相互间市场开放程度已经较高，较之中日韩自贸区，RCEP 给韩国带来的收益增量并不明显。加入 CPTPP 有利于韩国进入加拿大等成员国市场，但韩国与澳大利亚、加拿大、新加坡、新西兰、秘鲁、越南、智利等 CPTPP11 个成员中的 8 个国家已形成 FTA，与东盟的 FTA 可涵盖马来西亚、文莱，相互间市场开放程度已经比较高；除日本外尚未与韩国形成 FTA 的 TPP 成员国只有墨西哥，而 2015 年对墨出口占韩国出口额的比重仅有 2%，墨西哥在韩国外贸中的地位并不重要，因此较之中日韩自贸区，CPTPP 给韩国带来的收益增量也并不明显。特别是在美国没有参加的情况下，这种收益增量更加有限。从谈判难度看，中日韩自贸区需要中日和韩日间完成出要价谈判；RCEP 除中日和韩日需完成出要价谈判外，中印间尚无 FTA、也需从零开始完成出要价谈判，难度显然高于中日韩自贸区；韩国加入 CPTPP 需要完成与日本和墨西哥的出要价谈判，在服务业等领域也面临更高标准，谈判难度不会低于中日韩。因此，对于韩国而言，RCEP 与 CPTPP 带来的收益增量并不明显高于中日韩自贸区，而谈判难度却明显不低于中日韩自贸区，应将中日韩自贸区作为首选。

日本已经是 CPTPP 成员，面临的是中日韩自贸区和 RCEP 的优先序问题。从经贸收益看，完成中日韩自贸区谈判有利于日本进入中国和韩国市场；完成 RCEP 谈判有利于日本进入中国、韩国、东盟、澳大利亚、新西兰和印度市场，但日本与东盟、澳大利亚、印度都已签署 FTA，与新西兰都是 CPTPP 成员，相互间市场开放程度已经较高。因此，较之中日韩自贸区，RCEP 给日本带来的收益增量并不明显。从谈判难度看，RCEP 谈判难度明显高于中日韩自贸区。因此，对于日本而言，应将中日韩自贸区作为首选。需要特别说明的是，只要中国尚未加入 CPTPP，日本要分享中国巨大的市场潜力，就必须通过中日韩自贸区，不可能用 CPTPP 完全替代。

表 1　中日韩三国在中日韩自贸区、RCEP 和 CPTPP 中谈判收益和谈判难度的比较

国　家		中日韩自贸区	RCEP	CPTPP	首　选
韩国	谈判收益	高	高	高	中日韩自贸区
	谈判难度	中	高	高	
日本	谈判收益	高	高	—	中日韩自贸区
	谈判难度	中	高	—	
中国	谈判收益	高	高	—	中日韩自贸区
	谈判难度	中	高	—	

资料来源：笔者整理。

3. 中韩合作推进解决农产品和服务业市场准入这两个核心问题

一是将适用于降税安排的产品分为正常产品和敏感产品两大类，其中敏感产品进一步分为一般敏感产品和高度敏感产品。在正常产品领域设置早期收获制度，谈成一批、开放一批，不强求一揽子解决，使中日韩自贸区谈判不断取得阶段性成果，倒逼敏感产品加快谈判。

二是以日本在 CPTPP 的农产品市场开放为底线，加快农产品及其他货物市场准入谈判。在 CPTPP 协定中，日本没有降低在原 TPP 协定中的农产品市场开放标准，市场开放程度远高于其在 WTO 的承诺，可视为日本在农产品市场开放方面的底线。可以此底线为基础，通过适当让步，换取日本对中韩提出的借鉴 RCEP 差别化出价模式进行货物贸易谈判的支持，加快农产品及其他货物市场准入的谈判。

三是稳步推进中韩自贸区服务业准入的负面清单谈判，作为中日韩以负面清单为基础开展服务贸易谈判的重要基础。需要特别说明的是，无论是中韩服务业准入的负面清单谈判，还是中日韩服务业准入的负面清单谈判，必将与中国国内正在进行的 12 个自由贸易试验区外商投资负面清单调整相衔接。

（二）以大图们倡议转变为独立的政府间国际组织为契机，共同推动图们江次区域合作水平提升

1991 年，在联合国开发计划署倡导下，中、俄、朝、韩、蒙五国共同启动了图们江区域合作开发项目，1995 年该项目进入区域合作开发实施阶段，2005 年更名为大图们倡议（GTI），秘书处设在北京，目前包括中国、韩国、俄罗斯、蒙古 4 个成员国，日本是该倡议的观察员（见附表 2）。

1. 中韩两国在图们江次区域合作中能够发挥十分重要的作用

中韩俄蒙是大图们倡议成员国，也是图们江次区域合作的主要参与方。中国与韩国、俄罗斯、蒙古的双边关系都处于历史上最好水平。从中韩关系看，中韩自贸协定签署标志着双边经济合作步入 3.0 时代。从中俄关系看，全面战略伙伴关系处于前所未有高水平，正在转化为能源、交通、投资、贸易、人文等领域的务实合作成果。从中蒙关系看，双方建立并深化发展全面战略伙伴关系，并形成矿产资源开发、基础设施建设、金融合作“三位一体、统筹推进”的合作模式。同时，中国“一带一路”战略与韩国“欧亚倡议”、俄罗斯“欧亚经济联盟”、蒙古“草原之路”都实现成功对接。以中国为枢纽，中、韩、俄、蒙四国关系正处于良性发展时期，这为图们江合作机制升级和区域共同开发打下良好基础。

在大图们倡议成员国中，韩国经济发展水平最高，产业结构与中、俄、蒙互补性较强，居于东亚生产网络高端。特别是中国吉林长吉图地区作为中国图

们江区域合作开发开放先导区，正在大力发展汽车、石化、农产品加工、光电子信息、冶金建材、装备制造、生物、新材料等八大新型产业，依托长春净月高新技术产业开发区等国家服务业综合改革试点大力发展第三产业，这与韩国产业优势高度互补，可成为韩国企业在图们江次区域合作中重点关注的战略空间。

2. 图们江次区域合作可按照“三步走”战略逐步过渡到东北亚区域合作

第一步，在大图们倡议转型为政府间国际组织的基础上，提升合作层次、拓宽合作领域、制定发展规划。中韩两国可共同推动召开图们江次区域合作领导人会议，并在重点合作领域设立专业委员会或工作组。除目前合作领域外，可考虑将农业、环保纳入。建议在旅游、基础设施互联互通、产业链构建及通关便利化四个领域制订中长期合作规划。

第二步，日本目前是大图们倡议观察员，时机成熟时应吸纳日本成为正式成员。

第三步，朝鲜是大图们倡议创始国之一，2009 年第二次核试验后退出图们江区域合作开发。目前，朝鲜半岛和平进程出现重大转机，朝鲜国内战略重心也转向经济建设，时机成熟时应促成朝鲜回归图们江区域合作，逐步扩展为东北亚区域合作。

四、以 RCEP 和国际产能合作为抓手，推动中韩在东南亚区域的经济合作

(一) 中韩应用好双边 FTA 签署给 RCEP 带来的提振效应，合作推动 RCEP 谈判尽早完成

2002 年以来，东盟 10 国分别与中国、韩国、日本、印度、澳大利亚和新西兰签署了 5 个“10＋1”自贸协定。2012 年 11 月，这 16 个国家共同发布启动 RCEP 谈判的声明，2013 年 5 月谈判正式启动。RCEP 是当前亚洲地区规模最大的自由贸易协定谈判，也是中国参与的成员最多、规模最大、影响最广的自贸区谈判。

1. RCEP 谈判面临“三个显著差异”的挑战

一是东盟成员国贸易自由化程度存在显著差异。表 2 显示，新加坡完全取

消关税的产品占全部外贸产品的比重已达 100%，而印尼只有 46%，柬埔寨、缅甸、老挝也仅为 64.3%、66.6%和 68.0%。这种差异对东盟构建关税同盟进而实现经济共同体构成很大障碍，导致其很难形成统一的对外贸易政策，削弱了东盟在 RCEP 谈判中的中心地位作用。

表 2　东盟十国关税税目自由化状况

国　　家	“完全取消关税”产品百分比	“依 FTA 而定”产品百分比	“对所有经济体都不开放”产品百分比
文莱	84.1	15.9	0
柬埔寨	64.3	35.3	0.4
印度尼西亚	46.0	52.8	1.2
老挝	68.0	31.6	0.4
马来西亚	76.0	22.9	1.1
缅甸	66.6	31.8	1.6
菲律宾	74.6	24.4	1.0
新加坡	100	0	0
泰国	75.6	24.3	0.1
越南	78.1	19.1	2.8
平均	73.3	25.8	0.9

资料来源：Yoshifumi FUKUNAGA 和 Ikumo ISONO（2013），Taking ASEAN＋1 FTAs towards the RCEP：A Mapping Study，ERIA Discussion Paper Series，ERIA-DP-2013-02。

二是印度贸易自由化程度与其他谈判成员存在显著差异。在东盟与中国、韩国、日本、印度、澳大利亚和新西兰等 RCEP 谈判方签署的 5 个“10＋1”自贸协定中，东盟-印度 FTA 开放水平明显低于其他 FTA。东盟-印度 FTA 免税产品占全部贸易品的比重只有 79.6%，远低于其他 4 个 FTA，与 RCEP 95%产品免税的目标差距较大（见附表 3）。这意味着，在 RCEP 谈判中印度难度可能最高。

三是 RCEP 谈判基础与 CPTPP 存在显著差异。CPTPP 谈判前，关键成员之间已形成高标准自贸区协定；而 RCEP 谈判成员中，中日、韩日、中印之间尚无自贸协定，成为重要空白点。CPTPP 坚持高标准适用于所有成员，而 RCEP 谈判目标虽高于东盟与其他 6 国已达成的自贸协定，但在其指导原则中又包括了“灵活性”，包括对东盟最不发达国家提供特殊和差别待遇等。这些差异导致 CPTPP 对 RCEP 谈判带来明显冲击。特别是 RCEP 谈判成员中，日本、澳大利亚、新西兰、新加坡、马来西亚、越南和文莱 7 国都已加入 CPTPP，对 RCEP 自由化水平的要求相应提高。若其他谈判方不能满足其要求，这些经济体对 RCEP 谈判的热情和投入可能减少。

2. 中韩在共同推进 RCEP 谈判中可以有所作为

一是力促中日韩自贸协定完成谈判。RCEP 建立在 5 个“10＋1”自贸协定基础上，且允许成员间平行谈判 FTA。各成员间 FTA 越多、质量越高，越有利于 RCEP 整合。中日韩自贸协定尚未达成，这是 RCEP 的重要空白点。中韩若能力促中日韩自贸协定早日完成谈判，将成为 RCEP 重要推动力。

二是以中韩自贸协定为样本探索小范围高标准 FTA。在 5 个“10＋1”协定中，中国-东盟自贸区与韩国-东盟自贸区最易整合。在货物贸易领域，两个协定在降税时间安排、贸易自由化程度、敏感产品划分和保障措施等方面高度相似；在服务贸易领域，韩国-东盟自贸区仅多了金融服务，其余门类基本相同；在投资领域，有关适用范围、征收条件、投资待遇、最惠国待遇、透明度等规定也基本一致。此外，两个协定都未涉及知识产权、动植物卫生检疫措施、技术性贸易壁垒、竞争和政府采购等条款。而中韩自贸协定签署且议题范围和规则标准高于这两个自贸协定，意味着中国、韩国与东盟在 RCEP 框架下的谈判基本不存在障碍。在此基础上，若 RCEP 谈判迟迟不能完成，中国、韩国和东盟可以考虑在小范围内探索建立高标准 FTA，对 RCEP 形成倒逼作用。

（二）加强中韩在东盟的第三方市场产能合作

1. 中韩在东盟开展第三方市场产能合作前景比较广阔

国际金融危机爆发以来，东盟国家普遍保持较快增长，成为全球经济的一个亮点。特别是越南、老挝坚持革新开放，缅甸新政府实施经济改革，柬埔寨政府推行“四角战略”，经济结构都有一定程度改善，对外开放水平提升。经济快速增长带来内需市场不断扩大，为中韩开展第三方产能合作提供了较大空间。特别是，除新加坡外，东盟国家普遍处于工业化、城镇化加速推进阶段，基础设施等投资需求旺盛，中韩在交通、能源等领域开展产能合作，带动产品、技术、标准和服务出口具有较大潜力。

表3　2010—2020年东南亚交通和能源项目投资需求

地　　区	交通项目		能源项目		共　计	
	费用（百万美元）	项目数	费用（百万美元）	项目数	费用（百万美元）	项目数
东南亚	5858	17	41444	33	47302	50
大湄公河次区域（越南、老挝、柬埔寨、缅甸、泰国）	5858	17	2604	14	8462	31
跨东盟燃气管道	—	—	7000	1	7000	1
东盟东部增长区（马来西亚东部、印尼东部、菲律宾南部和文莱）	—	—	100	1	100	1
其他东南亚国家	—	—	31740	17	31740	17

资料来源：亚洲开发银行。

表4　2010—2020年东南亚部分国家高速公路投资需求

国　　家	里程（千米）	投资需求（百万美元）
印尼	3576	245
泰国	1273	373
越南	572	1961
菲律宾	505	413
老挝	369	245
柬埔寨	308	190
缅甸	268	66
马来西亚	106	281

资料来源：亚洲开发银行。

2. 中韩在东盟开展第三方市场国际产能合作的建议

中韩开展第三方市场国际产能合作，应处理好政府、企业和市场的关系，处理好双边和多边的关系，坚持政府搭台、企业主体、市场主导、多边磋商和互利共赢的原则。

政府搭台。中韩政府部门及相关公共组织为有意向在东盟第三方市场开展合作的两国企业建立有效联系渠道，通过共同创办网络平台、举办投资项目宣介会等线上线下方式，为两国企业及时提供合作信息。

企业主体。以政府及其他公共组织搭建的平台和渠道为基础，推动中韩大型企业和跨国公司在交通、能源、资源、公用事业等重要行业达成战略合作框架协议，建立在第三方市场的长期合作机制。

市场主导。尊重市场规律、尊重企业自主选择，让两国企业共同决定到哪里合作、在什么领域合作及如何合作等。政府主要发挥服务功能，适当给予倾向性指导。

多边磋商。积极推动中韩两国政府与东盟第三方市场进行多边磋商，并将其与“一带一路”战略、欧亚倡议、“10＋1”、“10＋3”等机制有机结合，通过共建第三方市场基础设施、共建自由贸易区、共建投资基金等方式，加强中韩两国对东盟第三方市场国内发展的支持，为两国企业合作开拓第三方市场创造更好的投资和营商环境。

互利共赢。在中韩两国与东盟第三方市场合作中，充分推动多边磋商，增加对第三方市场发展的支持，加强对两国企业境外行为的规范和监督，实现三方共赢。

杨长湧，中国国家发展和改革委员会对外经济研究所研究室副主任

附表 1　中韩各自对外开放总体战略和自贸区战略的重点方向

国家	对外开放总体战略重点方向	自贸区战略重点方向
中国	“一带一路”：东北亚的俄罗斯、蒙古是中蒙俄经济走廊的合作伙伴；东盟是海上丝绸之路的主要合作伙伴	1. 周边大市场 2. “一带一路”大市场 3. 金砖国家大市场、新兴经济体大市场和发展中国家大市场
韩国	欧亚倡议：东北亚是起点和“一个大陆”的重要组成部分	新的贸易路线图： 1. 贸易战略：推动贸易与产业紧密联系 2. 贸易谈判：使韩国成为区域经济一体化的关键 3. 贸易合作：发展与新兴经济体伙伴进行贸易合作的模式 4. 成果共享：支持国内就业和中小企业发展 5. 实施方法：确保贸易谈判与执行的一致性，探索政府与私人部门的协调和沟通

资料来源：中国政府网站、韩国产业通商资源部网站。

附表 2　亚洲主要次区域合作机制概况

项目	图们江次区域合作	大湄公河次区域合作	中亚区域经济合作	澜沧江—湄公河合作
设立时间	1991 年	1992 年	1996 年	2015 年
倡议方	联合国开发计划署（UNDP）	亚洲开发银行（ADB）	亚洲开发银行（ADB）	中国
成员国	中国、韩国、蒙古、俄罗斯	中国、柬埔寨、老挝、缅甸、泰国、越南	阿富汗、阿塞拜疆、中国、哈萨克斯坦、吉尔吉斯斯坦、蒙古、巴基斯坦、塔吉克斯坦、土库曼斯坦和乌兹别克斯坦	中国、缅甸、老挝、泰国、柬埔寨、越南
机构情况	部长级会议为最高决策机构；设立秘书处	领导人会议、部长级会议和各领域务实合作的总体合作架构	部长级会议	领导人会议、外长会、高官会
合作领域	交通、旅游、能源、贸易、投资、互通互联和基础设施建设	交通、能源、信息通信、环境、农业、人力资源开发、旅游、经济走廊	交通运输、贸易、能源和其他重要领域的区域合作	现阶段重点在互联互通、产能、跨境经济、水资源、农业和减贫五个优先方向开展合作
是否有实体性国际组织支撑	大图们倡议即将转型为政府间国际组织	—	中亚经济合作学院	—
是否有合作规划	—	《GMS 区域投资框架（2012—2022，RIF）》、《2014—2018 年区域投资框架执行计划（RIF-IP）》	《中亚区域经济合作 2020 战略》、《促进道路安全的行动计划》、《卫生与植物检疫（SPS）措施合作计划》、《能源战略及工作计划（2016—2020 年）》	—

附表 3　免税产品占全部贸易品的比重（%）

国　　家	东盟-澳新 FTA	东盟-中国 FTA	东盟-印度 FTA	东盟-日本 FTA	东盟-韩国 FTA	平均
文莱	99.2	98.3	85.3	97.7	99.2	95.9
柬埔寨	89.1	89.9	88.4	85.7	97.1	90.0
印度尼西亚	93.7	92.3	48.7	91.2	91.2	83.4
老挝	91.9	97.6	80.1	86.9	90.0	89.3
马来西亚	97.4	93.4	79.8	94.1	95.5	92.0
缅甸	88.1	94.5	76.6	85.2	92.2	87.3
菲律宾	95.1	93.0	80.9	97.4	99.0	93.1
新加坡	100	100	100	100	100	100
泰国	98.9	93.5	78.1	96.8	95.6	92.6
越南	94.8	—	79.5	94.4	89.4	89.5
澳大利亚	100	—	—	—	—	—
中国	—	94.1	—	—	—	—
印度	—	—	78.8	—	—	—
日本	—	—	—	91.9	—	—
韩国	—	—	—	—	90.5	—
新西兰	100	—	—	—	—	—
平均	95.7	94.7	79.6	92.8	94.5	—

资料来源：Yoshifumi FUKUNAGA 和 Ikumo ISONO（2013），Taking ASEAN＋1 FTAs towards the RCEP：A Mapping Study，ERIA Discussion Paper Series，ERIA-DP-2013-02.

关于中韩共同开发第三国基础设施市场的方案

李贤泰

一、序言

中韩两国1992年建交以来，经济合作关系得到了快速发展。尤其两国通商合作有了长足发展，到2015年，中国已是韩国最大出口国（出口占比达26.0%）及最大进口国（进口占比达20.7%），韩国是中国的最大进口国（进口占比达10.9%）及第四大出口国（出口占比为4.4%）。但是，通过贸易开展的中韩两国经济合作近期迎来了新的挑战。中国的发展战略从出口为主转变为消费为主后，出口增长率开始滑坡，原来由韩国提供中间产品、由中国生产最终产品然后对外出口的合作关系已然受限。于是，两国需要建立新的贸易合作关系，同时有必要探索过去关注较少的尖端产业、金融、制度政策等领域的合作。

本文首先就中韩在第三国基础设施市场合作的可行性进行评估，之后进一步探索具体的合作方案。该合作与2015年10月通过中韩峰会洽谈签署的《关于共同开发第三方市场的谅解备忘录》有着密切关联。两国通过谅解备忘录约定在基础设施、城市建设、能源、IT、通信、环境等领域互相结合比较优势共同开发第三国市场，并为此探索利用亚投行等多边开发金融机构的资金支援方案，加强联合调研、共享合作经验与信息等。① 在2016年5月召开的中韩经济部长会议上，为了克服共同开发第三国的制约因素，进一步搞活合作，韩国提出了《关于共同开发第三方市场的谅解备忘录》的后续措施：①强化合作基础。加强信息共享，解决困难，配备两大部门合作体系以构建两国企业之间信赖关系；②寻求金融支援。为中韩合作项目寻求利用多边开发金融机构和进出口银行等的金融支援方案；③锁定重点领域目标。优先进入“一带一路”相关基础设施项目、联合调研重点领域（地区：亚洲、非洲、南美；领域：基础设

① 韩国企划财政部（2015. 10. 31）。

施、ICT、能源、钢铁等）潜在项目以及推行企业匹配等。中国就该合作方向表示赞同，提议通过联合调研挖掘潜在项目、通过 AIIB 等金融机构寻求金融支援方案，以此加强两国在第三国的合作。①

本文将深入、具体分析中韩两国共同开发第三国基础设施市场的方案。首先了解两国企业进军世界基础设施市场的情况，其次对比两国在不同地区、不同工种的接单情况，从而分析各自比较优势。中韩两国在世界基础设施市场都具备丰富经验和较高地位，如果拥有可以互补的比较优势将可进一步开展相互合作。最后，作为两国企业共同开发第三国基础设施市场的具体方案，建议开展施工单位金融中介型、运营商投资开发型模式。

二、中韩两国基础设施企业的比较优势对比

（一）区域分析

为了按照不同区域分析中韩基础设施企业的比较优势，笔者分析了《工程新闻记录》（Engineening News-Record，ENR）发表的《TOP 225 International Contractors》数据②。表 1 是韩国在不同区域的海外建设销售额除以中国的值。可以看出，除了 2012 年韩国销售额大幅高于中国以外，大体上保持在 30%左右。截至 2014 年，韩国创下 370 亿美元销售额，中国创下了 896 亿美元（见表 2）。

从区域来看，韩国在中东的成绩最佳。中东原是韩国销售额高于中国的唯一一个区域，但中国 2014 年已经赶超韩国。从金额来看，韩国 2014 年在中东地区共计接单 136 亿美元，而中国达到了 151 亿美元（见表 2）。

表 1　韩国/中国各区域销售额对比变化（%）

年份	合计	中东	亚洲	非洲	欧洲	美国	中南美
2014	41.3	90.1	57.6	10.9	23.4	17.7	31.1

① 韩国企划财政部（2016. 5. 27）。

② 该报告的缺点是只提到了全球排名前 225 家建设企业，但优点是可以按照相同标准对比各区域主要企业的销售额（최필수 等，2013）。

续表

年份	合计	中东	亚洲	非洲	欧洲	美国	中南美
2012	61.7	286.8	40.8	10.7	19.1	101.1	19.1
2010	32.1	111.4	20.9	9.3	3.9	130.5	22.1
2008	26.4	118.3	27.0	5.1	10.5	15.9	41.9
2006	39.6	162.0	15.4	18.1	40.8	243.6	17.4
2004	34.8	88.1	28.5	30.5	10.6	11.2	13.9
2002	37.3	102.6	36.8	27.9	2.3	0.6	11.9
平均	39.0	137.0	32.4	16.1	15.8	74.4	22.5

资料来源：ENR（2015），作者基于《TOP 225 International Contractors》进行计算。

表 2　2014 年度韩国和中国各区域销售额（百万美元）

国家	合计	中东	亚洲	非洲	欧洲	美国	中南美
韩国	37051.7	13652.8	16257.7	3801.2	574.6	310.8	2137.4
中国	89675.4	15145.0	28214.0	35015.1	2454.5	1755.8	6879.5

资料来源：ENR（2015），作者基于《TOP 225 International Contractors》进行计算。

另外，市场规模最大且增长率最快的是亚洲（见表 3）。亚洲是 2014 年创下 1374 亿美元销售额的最大发单地区，占世界销售额的 26.4%，其销售额增长率除了略有停滞的 2014 年以外，均快于其他地区。如果以欧亚大陆为目标对象的中国“一带一路”政策走上正轨，该趋势还会有所强化。在亚洲地区，韩国销售额与中国相比 2010 年达到 20.9%，2012 年为 40.8%、2014 年创下 57.6%，有了飞跃发展（见表 1）。中国企业优势最突出的是非洲。韩国企业于 2008 年以后在非洲创下的销售额仅为中国的 10%左右。中国在非洲建设市场突显优势的主要原因是国家战略层面提供的集中资源投入。[①] 中南美市场也是韩国企业占据优势的地区，占比在 2010 年以后保持持续增长（见表 1）。

表 3　各区域海外建设总销售额（百万美元）

年份	世界	中东	亚洲	非洲	欧洲	美国	中南美
2014	521550	79026	137407	70949	99806	51152	53280

① 최필수 等（2013）。

续表

年份	世界	中东	亚洲	非洲	欧洲	美国	中南美
2012	511949	91285	138747	56892	101406	45546	49983
2010	382969	72530	76696	60640	93965	32442	34108
2008	389212	77668	68620	50892	112438	40425	23782
2006	223142	41252	40231	17900	72843	37044	15980
2004	166587	25222	30433	14332	63800	29067	9113
2002	116867	9756	22792	11151	33471	21825	9548
平均	330325	56677	73561	40394	82533	36786	27971

资料来源：ENR（2015），作者基于《TOP 225 International Contractors》进行计算。

（二）工种分析

为了按照不同工种分析中韩基础设施企业的比较优势，笔者分析了韩国海外建设接单统计和中国《对外承包工程发展报告》中显示的接单金额数据（见表4）。韩国持续创下佳绩的领域是石油化工，虽然2012年以后中国接单金额赶超了韩国，但2015年对华占比仍保持在87%左右，大大领先其他领域。该领域属于炼油厂等成套设备为主的高附加值工种，可以说目前韩国企业技术仍然领先。2015年韩国传来捷报的领域是工业设备。在制造业工厂建设为主的工业设备领域，韩国过去的接单成绩一直相当于中国的一半左右，直至2015年终以113.5%领先中国。相反，包含火力、火力发电设备的电力设备方面，韩国接单成绩占中国的60%—80%左右，而到了2015年下滑到20%，其原因可能是韩国在中东的核电和火力发电厂订单减少。

中国相对韩国占据压倒性优势同时逐渐拉大差距的领域是建筑和交通基础设施、上下水道等基本建设领域。韩国相对中国占比大幅减少的领域有：建筑方面从2012年的46%下滑到2014年的24%、交通基础设施从20%下滑到13%、上下水道从19%减至4.1%。韩国一直被推为IT强国，但在电子通信领域却几乎没有接单成绩，相反，中国在华为、ZTE等硬件设备企业的努力下获得了较好成绩。

表 4　韩国与中国不同工种接单金额对比(亿美元)

国家	年份	建筑	电力设备	交通基础设施	石油化工	电子通信	工业设备	上下水道	矿产开发	环境保护	其他	设计咨询
中国	2015	368.6	456.8	546.8	187.4	219.7	91.4	59.2	—	—	41.4	—
	2012	320.9	212.7	356.2	171.7	176.5	94.0	73.9	36.6	2.8	7.0	—
	2010	280.9	280.0	290.8	160.5	112.6	77.0	53.6	13.2	2.4	73.1	—
	2008	325.2	167.8	156.8	104.6	73.2	73.2	41.8	20.9	—	73.2	8.88
韩国	2015	88.0	89.2	73.2	162.9	1.8	103.7	2.4	0	6.5	0	30.0
	2012	148.1	187.3	71.2	150.1	0.7	45.4	14.1	0	0	0	8.2
	2010	65.4	338.8	36.7	184.6	4.6	57.2	15.1	0.0	1.2	0	12.2
	2008	79.4	98.6	67.8	161.6	0.2	37.9	18.0	0.0	3.4	0	9.5
韩国/中国(%)	2015	24	20	13	87	0.8	114	4.1	—	—	0	—
	2012	46	88	20	87	0.5	48	19	0	0	0	—
	2010	23	121	13	115	4	74	28	0	52	0	—
	2008	24	59	43	155	0	52	43	0	—	0	107

资料来源:各年度韩国海外建设协会接单统计、《中国对外承包工程发展报告》。

（三）中韩基础设施企业的比较优势

从以上分析中可以推导出两国不同区域、不同工种的比较优势。中国几乎在所有区域和工种方面占有绝对优势，但本文从国家规模或基础设施企业数量等方面，根据“相对”含义整理了两国的比较优势。按区域来看，韩国的比较优势在中东和亚洲，而中国在非洲和南美；按工种来看，韩国的比较优势在于石油化工、工业设备，而中国则在建筑、交通基础设施、上下水道领域拥有比较优势。从两国基础设施企业特性来看，正如李大伟（2015）等多位研究人员指出的，韩国在技术和标准、管理、智能基础设施建设、高级人才、“韩流”等形象方面拥有比较优势，而中国则在资金规模、建设经验、价格竞争力、企业品牌、生产力等方面具有优势（表 5）。

表 5　韩国和中国在基础设施市场的比较优势

国　　家	韩　　国	中　　国
区域比较优势	中东、亚洲	非洲、南美
行业比较优势	石油化工、工业设备	建筑和交通基础设施、上下水道
特性比较优势	技术与标准优势 管理优势 智能基础设施建设优势 高级人才优势 韩流等形象优势	资金规模优势 建设经验优势 价格竞争力优势 企业品牌优势 生产力优势

资料来源：区域与工种的比较优势由笔者编制，特性比较优势根据李大伟（2015）资料重新整理。

基于以上比较优势，我们可以寻求两国在基础设施领域合作的可行性。从区域来看，韩国在中东和亚洲具有优势，韩国的石油化工和工业设备等高附加值行业仍领先于中国，且在包括智能交通等的新型城市建设方面也拥有优势。同时，在以亚洲国家为主并发展到其他地区的“韩流”现象影响下，韩国相对保持着较友好的国家形象，各国消费者对韩国企业和产品的喜爱程度也较高。中国企业则在依靠雄厚资金力量和价格竞争优势的基本建设（建筑、交通基础设施、上下水道等）领域拥有强势，且拥有中国交建、中国建筑、中国电建、中国中铁等海外建设经验丰富的基础设施大型企业。从区域来讲，中国在非洲和南美拥有优势地位。如果在两国比较优势鲜明情况下加强不同技术、区域和工种的合作，可望获得更高协同效应。本文将在第三部分进一步分析研究两国基础设施企业共同开发第三国市场的具体模式。

三、探索中韩共同开发第三国基础设施建设市场模式

（一）海外基础设施建设项目类型的分类

如图 1 所示，根据金融采购类型，海外基础设施建设项目可分为单纯承包型、施工单位金融中介型、投资开发型。①单纯承包型项目由发包人负责融资在内的总体项目，施工企业只负责设计、采购、施工（Engineering，Procurement，Construction ，简称 EPC）。施工单位只需完成 EPC 而不用负责融资。②施工单位金融中介型项目指 EPC 企业负责施工以及为项目公司介绍金融机构以便筹措资金。③投资开发型项目由施工单位参与项目开发、股权投资、产品采购、设备运行等项目总体运行。施工单位以业主身份与本地合作伙伴一同开发项目、评估可行性以及吸引投资者筹措项目公司所需资金，通过股权投资（资本）和贷款（负债）等金融方法设计结构融资（Structure Finance）来筹措资金。该种方式是以项目可行性为基础进行金融采购的项目融资（PF）

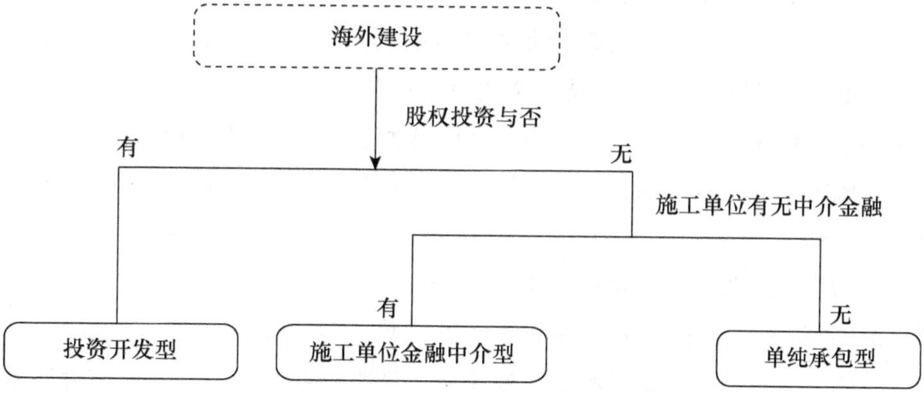

图 1　根据金融采购方式划分的接单类型

资料来源：이권형 等（2014）。

方式①，可由本国或他国出口信用保险机构（Export Credit Agency，ECA）、多边开发银行、国际商业银行等组成债权团参与项目。项目公司与负责设计、采购、施工（EPC）和营运与维护（Operation and Maintenance，O&M）的企业签署合同并开启工程。

近来，原油等原材料价格回落、全球经济停滞等原因，导致发包国财政负担更重，2008—2009年全球金融危机后，规避金融风险现象的业主剧增，更多倾向于施工单位金融中介型方式，以及施工单位直接以业主身份参与项目乃至负责项目融资的投资开发型方式。

（二）中韩共同开发第三国基础设施市场模式

中韩两国共同开发最好采用施工单位金融中介型以及投资开发型项目模式。施工单位只负责EPC"招标—中标—合同—定金—施工—竣工"的单纯承包型项目结构，不用考虑融资，但招标竞争相对激烈且生产附加值也较低。相反，由EPC企业负责中介筹资的施工单位金融中介型项目或施工企业负责项目挖掘、项目融资、O&M等所有生产链（Production Chain）的投资开发型项目，虽然过程复杂耗时长，但所产生的附加值高且有国内各种企业都可参与的优势。

图2是中韩基础设施企业联合拿下EPC合同及金融中介的施工单位金融中介型项目结构。两国基础设施企业和金融机构可通过EPC施工或债权团参与项目。主要EPC由中韩基础设施企业负责进行，同时可承包给本土企业或其他中韩中小企业。施工单位金融中介型项目大部分需要巨额项目费，大多会有中韩金融机构（政策金融、民间金融）、亚洲基础设施投资银行（AIIB，Asian Infrastructure Investment Bank）、亚洲开发银行（ADB，Asian Development Bank）等国际开发银行（MDB，Multilateral Development Bank）、国际商业银行（ICB，International Commercial Bank）作为联合融资（Co-Financing）参与债权团。亚洲丝绸之路沿线国家的项目，可能会有中国主导的丝绸之路基金（Silkroad Fund）作为部分债权团参与。

图3是中韩基础设施企业与本土企业联合成立项目公司开展投资开发型项

① 이권형等（2014）。

目的项目结构。中韩企业（基础设施企业与金融机构）可以通过以下方式参与项目（见表 6）：①以业主身份进行股权投资；②作为财务投资者进行股权投资；③ 负责 EPC；④ 负责 O&M；⑤ 参与债权团。中韩基础设施企业以业主

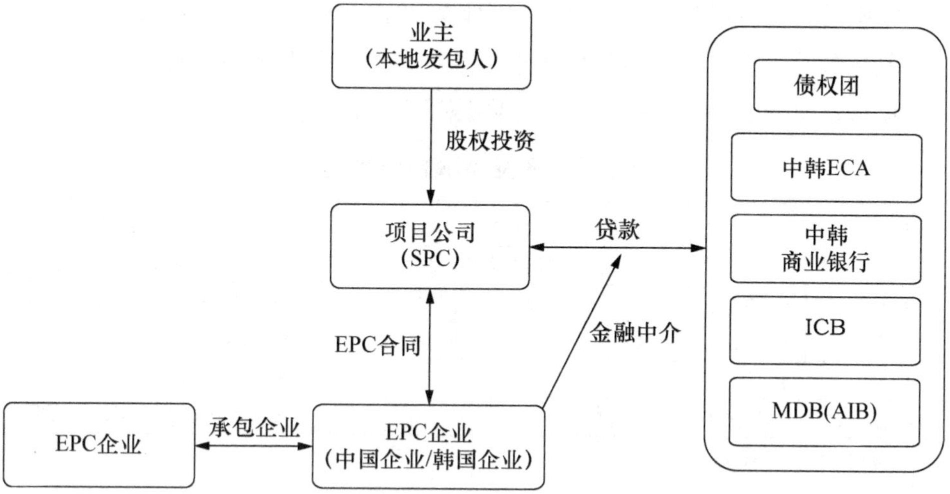

图 2　施工单位金融中介型项目结构

资料来源：作者编制。

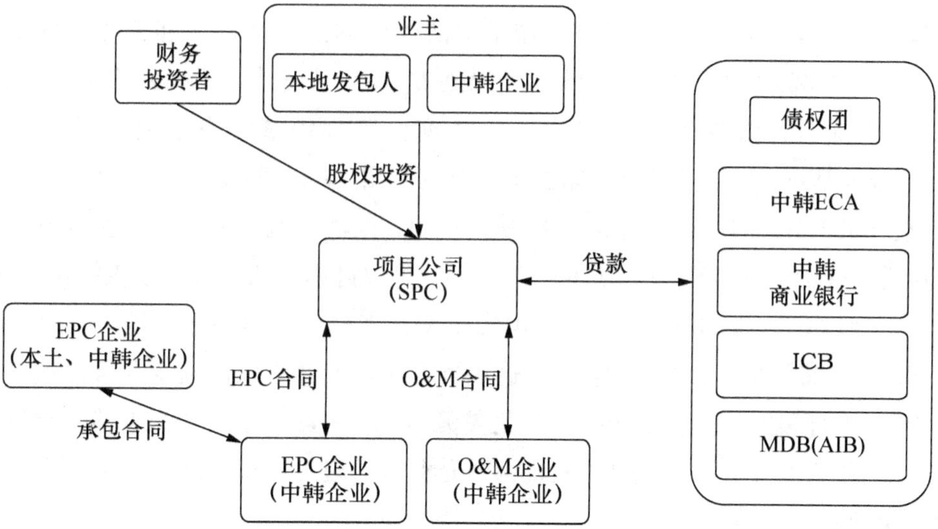

图 3　投资开发型项目结构

资料来源：作者编制。

身份参与项目时，可以提高相同企业或其他中韩（中小）企业以 EPC 与 O&M 企业参与项目的可能性。因此，除了 EPC 企业获取的已完成部分工程款等短期收入以外，还可从营运、维护款项、项目公司创收的利润分红等获得长期收入。中韩的 ECA 或民间金融机构也可作为财务投资者获得分红或参与债权团获得股息收益。投资开发型项目与施工单位金融中介型项目一样，大部分属于巨额项目，包括 MDB 在内的各种金融机构可以联合融资方式参与项目。

表 6　投资开发型项目的参与方式

参与方式	内　　容	可参与主体
业主	联合向项目公司投资股权并统筹管理项目	中韩基础设施企业、本土企业
财务投资者	向项目公司投资股权，获得项目分红	中韩金融机构、MDB、ICB
EPC	设计、采购、施工的已完成部分工程款	中韩基础设施企业、本土企业
O&M	营运与维护	中韩 O&M 企业
参与债权团	通过放贷的利息收入	中韩金融机构、MDB、ICB

资料来源：作者编制。

(三) 联合开发案例分析：委内瑞拉与厄瓜多尔炼油厂工程接单

中韩企业合作开发第三国市场的案例有中国惠生工程（以下简称“惠生”）和韩国现代建设以及现代工程合作拿下的委内瑞拉炼油厂扩建工程。惠生是 2004 年成立的中国石油化工界最具代表性的 EPC（设计、采购、施工）企业。2012 年 6 月，由惠生和现代建设以及现代工程组成的联合体（Consorcio Hyundai-Wison）拿下了委内瑞拉国营石油公司（PDVSA）发包的 29.95 亿美元规模的 Puerto La Cruz 炼油厂扩建（汽油、柴油、航空燃料）以及设备改善（中质油炼油设备日产 187 万桶—21 万桶）工程订单。从联合体股权结构来看，惠生持股 30%（9.278 亿美元）、现代建设和现代工程各持股 45%（13.48 亿美元）和 25%（7.1832 亿美元）。这一过程中，中韩基础设施企业可以从中国进出口银行和出口保险公司引资 9 亿美元。[①] 这一案例可以视为中韩基础设施企业合作拿下订单，由政策金融机构中介资金的施工单位金融中介型项目（参见专栏）。

对缺少海外市场进军经验的惠生来讲，参与这次委内瑞拉项目是一次很大

① 최필수 等（2013）。

的冒险，为了降低进军海外市场的风险才寻求与曾在东亚市场合作过的国际工程企业，即韩国企业合作。韩国企业则通过与中国企业的合作吸收了中国进出口银行和出口保险公司的雄厚资金。①

专栏　Puerto La Cruz 炼油石扩建工程项目简介

项目名称：Puerto La Cruz 炼油厂的现代化以及扩建项目

发包人：委内瑞拉国营石油公司（PDVSA）

招标类型：通过 PDVSA 自身验证系统的私订合同类型

实施企业：现代（建设、工程）＋ 惠生（中国）联合体

规模：30 亿美元

工程期：42 个月

项目主要内容：

——扩建现有 20 万 bpd 的炼油厂（扩建 215000 BPD 生产规模）；

——原有 Puerto la Cruz 炼油厂产量提高 60%；

——奥里诺科河流域生产超中质油（API 8）和轻质油（API 30）的混合物，即 API 16 的 Merey 精油。

资料来源：http://ven.mofa.go.kr/webmodule/htsboard/template/read/korboardread.jsp? typeID=15&boardid=4031&seqno=936565&c=&t=&pagenum=1&tableName=TYPE_LEGATION&pc=&dc=&wc=&lu=&vu=&iu=&du=.

与此类似的案例，还有 2016 年 8 月中韩企业在中美洲厄瓜多尔合作的炼油厂项目，该项目合同谈判已接近尾声。项目总工程费预计超过 100 亿美元，在马纳比（Manabi）省的 El Aromo 和 Manta 地区建设炼油厂，是厄瓜多尔史上最大规模的炼油厂项目。厄瓜多尔政府近来与中国天辰工程有限公司和中国机械工业集团有限公司、现代建设、现代工程等五家建设企业组成的联合体展开项目谈判。项目费计划通过中国金融机构融资。属于太平洋项目之一的 El Aromo 厂建设，将按照同时负责设计与采购、施工等的 EPC 形式进行。总工程期为 60 个月，此后再经 10 个月的试运行后，最晚于 2022 年开始正常启动。

① 최필수 等（2013）。

El Aromo厂项目的股权由中国天辰工程有限公司持股34%、中国机械工业集团有限公司持股30%、现代建设持股25%、北京石油化工工程有限公司持股6%、现代工程持股5%组成。目前中韩企业联合体仍在与发包机构开展谈判，预计2016年底可以敲定合同。①

四、结论

本文序言中提出中韩经济合作需要突破通商领域，向基础设施建设等全新领域拓展，第二部分按不同区域、工种、特性分析和整理了中韩基础设施企业的对比优势，第三部分在探索两国企业共同开发第三国基础设施市场方案的同时分析了近期案例。从区域、行业及其他特点分析，韩国在中东和亚洲拥有比较优势；在石油化学和工业设备等高附加值行业拥有比较优势；并且凭借技术与标准、管理、智能基础设施建设、高端人才、“韩流”影响等软实力，在国家形象方面拥有比较优势。而中国在非洲、南美拥有区域比较优势；在基本基础设施建设方面拥有行业比较优势；在资金规模、建设经验、价格竞争力、企业品牌以及生产力等方面也拥有较强的比较优势。明确两国比较优势后，从技术、区域、行业推动两国合作，才能获得充分的协同效应。尤其应在结合EPC和融资的非单纯承包型项目展开深入合作，即通过提高企业对全盘项目的参与度而产生高附加值的施工单位金融中介型项目或投资开发型项目。通过这些方式探索共同开发第三国市场，中韩企业可以实现互补，提高承揽订单的成功率，同时有利于本国基础设施企业和金融机构参与项目的各个工程。投资开发型项目的另一个优势是，如果与当地政府或本土企业合作进行项目挖掘或签署EPC承包合同，既可促进本土企业发展还可提高国际合作水平。这种多国合作模式更有利于从AIIB等多边开发金融机构接受资金支援。

在中韩寻求新合作模式的形势下，共同开发第三国基础设施市场将是中韩两国实现双赢，为第三国经济发展做出贡献的共赢战略。这种合作战略如果与以基础设施建设为主要目标的“一带一路”倡议、“欧亚倡议”、AIIB及丝绸

① http://www.ebn.co.kr/news/view/844509。

之路基金等结合，预计将会创造出更大协同效应。

李贤泰，韩国对外经济政策研究院副研究委员

参考文献

[1] 企划财政部新闻. 中韩峰会为契机，需要进一步加大两国经济部门的合作基础，2015.10.31.

[2] 企划财政部新闻. 第 14 届中韩经济部长会议主要成果，2016.5.27.

[3] ENR. TOP 225 International Contractors，2015.

[4] 李大伟. 关于亚洲投资银行框架下联合推动中韩域内基础设施的研究，2015.

[5] 이권형，손성현，박재은. 中东地区产业与金融环境的变化以及中东与韩国金融合作方案，2014.

[6] 최필수, 박영호, 권기수, 정재완, 이효진. 中国进军新兴市场以及韩国的应对方案：东南亚、中南美、非洲为中心，2013.

[7] 韩国海外建设协会海外建设综合信息服务，http：//www. icak. or. kr/.

[8] 各年度中国对外承包工程发展报告.

[9] 互联网资料：http://www. ebn. co. kr/news/view/844509. http://ven. mofa. go. kr/webmodule/htsboard/template/read/korboardread. jsp? typeID=15&boardid=4031&seqno=936565&c=&t=&pagenum=1&tableName=TYPE_LEGATION&pc=&dc=&wc=&lu=&vu=&iu=&du=.

中韩联合与第三方合作的国别研究

张哲人

一、引言

2013年9月和10月，中国国家主席习近平在出访中亚和东南亚国家期间，先后提出共建“丝绸之路经济带”和“21世纪海上丝绸之路”（以下简称“一带一路”）的国际倡议，旨在通过加强沿线国家间的政策沟通、设施联通、贸易畅通、资金融通、民心相通，打造政治互信、经济融合、文化包容的利益共同体、命运共同体、责任共同体。同年10月，韩国前总统朴槿惠提出“欧亚倡议”，旨在通过加强欧亚大陆国家的基础设施建设、文化交流、和平合作，把欧亚大陆建成团结大陆、创新大陆、和平大陆。“一带一路”和“欧亚倡议”在战略方向、重点领域、推进方式等方面契合，近来中韩双方已在推动两大战略多层次、多领域对接上做出积极努力。

中韩联合开拓第三方市场，是“一带一路”和“欧亚倡议”对接的重要方面，对中韩未来发展转型具有重要意义，也具备现实可行性。第一，伴随着内外部发展环境和条件的变化，中韩两国都进入了发展转型的新阶段，联合开拓发展潜力巨大的欧亚大陆市场，提升广大新兴经济体的发展能力，有利于拓展中韩外需市场空间、促进两国产业转型升级。第二，中韩两国都致力于维护周边环境的和平稳定，共同加强与欧亚大陆国家经济、贸易、技术、人文等领域合作，构建多种形式的机制安排，改善广大新兴经济体民生条件，有利于维护欧亚大陆的和平稳定。第三，中韩两国在全球价值链中的位势不同，中国相对较低、韩国相对较高，但总体看两国要高于欧亚大陆的广大新兴经济体，中韩联合开展与第三方的投资合作，共同构建区域性生产网络，既具备现实可行性，也有利于两国提升在全球价值链中的位势，实现协同发展。第四，韩国对外投资起步相对较早、经验丰富，拥有三星、现代等一批大型跨国企业，具有技术、人才、金融等方面优势；中国对外投资起步相对较晚，具有资金、工程施工等方面优势，中韩优势高度互补，联合开拓第三方市场基础扎实、前景光明。

本文的目的在于，通过对相关指标的综合比较，筛选出中韩两国在“一带一路”和“欧亚倡议”框架下，联合开拓第三方市场的重点国家，并提出相关政策建议。本文共分为五个部分，引言之后是方法论，将阐明筛选重点国家的主要指标及理由；第三部分是主要指标的基本情况，第四部分将采用综合打分法对指标进行赋值，并对结果进行分析，第五部分将在前文分析基础上提出若干政策建议。

二、方法论

关于研究的国别范围。根据中方发布的“推动共建‘一带一路’愿景与行动”，中方将与沿线国家共同打造新亚欧大陆桥、中蒙俄、中国一中亚一西亚、中国一中南半岛等国际经济合作走廊，以及中巴、孟中印缅两个经济走廊，畅通从中国沿海港口过南海到印度洋、南太平洋，延伸至欧洲的海上丝绸之路。据此，同时考虑韩方“欧亚倡议”重点涵盖欧亚大陆国家，本文的研究范围是，东南亚、南亚、中亚、西亚和中东欧，详见表 1。

表 1　本文研究的国别范围

区域	数量	国家名称
东南亚	11	越南、老挝、柬埔寨、泰国、缅甸、马来西亚、新加坡、印度尼西亚、文莱、菲律宾、东帝汶
南亚	8	印度、巴基斯坦、孟加拉国、阿富汗、斯里兰卡、马尔代夫、尼泊尔、不丹
中亚	5	哈萨克斯坦、乌兹别克斯坦、土库曼斯坦、吉尔吉斯斯坦、塔吉克斯坦
西亚	18	伊朗、伊拉克、格鲁吉亚、亚美尼亚、阿塞拜疆、土耳其、叙利亚、约旦、以色列、巴勒斯坦、沙特阿拉伯、巴林、卡塔尔、也门、阿曼、阿拉伯联合酋长国、科威特、黎巴嫩
中东欧	20	俄罗斯、乌克兰、白俄罗斯、摩尔多瓦、阿尔巴尼亚、波黑、保加利亚、捷克、爱沙尼亚、克罗地亚、匈牙利、立陶宛、拉脱维亚、黑山、马其顿、波兰、罗马尼亚、塞尔维亚、斯洛文尼亚、斯洛伐克
其他	2	蒙古、埃及

资料来源：国家发展改革委、外交部、商务部《推动共建丝绸之路经济带和 21 世纪海上丝绸之路的愿景与行动》，2015 年 3 月 28 日。

中韩联合开拓第三方市场是一个比较复杂的问题，沿线国家发展现状、资源禀赋、增长潜力、面临风险，以及中韩与沿线国家的比较优势与合作基础，都会对此产生重要影响。综合考虑，本文拟从以下五个方面展开分析和选取指标，对沿线国家情况进行综合扫描。

第一，人口与经济的规模和潜力。人口与经济规模越大，发展空间也就越大，越有利于承接中韩的资金、产业、技术等，越有利于中韩在联合开拓市场中共同获益。同时，增长潜力也是影响中韩联合开拓市场的重要因素。本文将对沿线国家人口、劳动人口数量、GDP、GDP 增长率等指标展开分析。

第二，经济互补性。这是中韩联合开拓市场的基础。一般来讲，国际贸易是对两国比较优势的外在反映，国际贸易规模越大说明两国比较优势互补性越高。本文将对中韩与沿线国家贸易情况进行深入分析。

第三，投资合作基础。投资合作是中韩联合开拓市场的重要形式。那么，相对而言两国已经投资较多的国家与两国经济更加互补，未来扩大投资合作规模的可能性越大。因此，本文将对中韩对沿线国家直接投资情况展开分析。

第四，营商环境和政治稳定性。这对中韩联合开拓市场的风险和收益有着重要影响。若一国营商环境很差或政治非常动荡，则中韩联合开拓市场的风险会很高，那么这些国家则不应列入优先考虑范围。本文将根据世界银行统计的相关营商环境和政治稳定性指数以及相关情况展开分析。

第五，资源禀赋和科技创新能力。要素禀赋事关一国的发展潜力和转型方向，对中韩联合开过市场有重要影响。一般来讲，一国矿产资源越丰富、科技创新能力越强，越有利于中韩联合开拓市场。本文将重点分析沿线国家石油、天然气等矿产资源和 PCT 专利数量。

三、主要指标的基本情况

(一) 人口与经济的规模和潜力

2014 年，沿线国家人口总计 31.1 亿，占全球总人口的 42.5%；其中，人口超过 1 亿的国家包括印度、印尼、巴基斯坦、孟加拉国、俄罗斯和菲律宾，见表 2。同样，全球劳动力人口较多的国家也都集中在欧亚大陆，主要包括：

印度（4.8亿）、印尼（1.2亿）、俄罗斯（7700万）、孟加拉国（7700万）、巴基斯坦（6500万）、越南（5400万）等。2014年，沿线国家人均GDP平均为4191.5美元，大体上相当于全球平均水平的39.2%，未来发展潜力巨大。

表2 “一带一路”沿线国家人口规模分布

人口数量	国家数量	国家名称
1亿人以上	6	印度、印尼、巴基斯坦、孟加拉国、俄罗斯、菲律宾
5000万—1亿	6	越南、埃及、伊朗、土耳其、泰国、缅甸
1000万—5000万	15	乌克兰、波兰、伊拉克、阿富汗、乌兹别克斯坦、马来西亚、沙特阿拉伯、尼泊尔、也门、叙利亚、斯里兰卡、罗马尼亚、哈萨克斯坦、柬埔寨、捷克
1000万以下	37	匈牙利、白俄罗斯、阿塞拜疆、阿联酋、塔吉克斯坦、以色列、保加利亚、塞尔维亚、老挝、约旦、吉尔吉斯斯坦等

资料来源：世界银行。

2014年，沿线国家GDP合计130789.7亿美元，占全球GDP的17.7%；其中，GDP超过1万亿美元的国家包括俄罗斯、印度，超过5000亿美元的国家包括印尼、土耳其、沙特阿拉伯和波兰，见表3。根据国际货币基金组织预测，2016至2021年，经济增长速度超过5%的沿线国家主要集中在东南亚和南亚，包括：缅甸（7.8%）、印度（7.6%）、越南（6.2%）、印尼（5.6%）等。

表3 “一带一路”沿线国家GDP分布

GDP总量	国家数量	国家名称
1万亿美元以上	2	印度、俄罗斯
5000亿—1万亿美元	4	印尼、土耳其、沙特阿拉伯、波兰
1000亿—5000亿美元	19	伊朗、阿联酋、泰国、马来西亚、新加坡、以色列、埃及、菲律宾、巴基斯坦、伊拉克、哈萨克斯坦、卡塔尔、捷克、罗马尼亚、越南、孟加拉国、科威特、匈牙利、乌克兰
100亿—1000亿美元	32	斯洛伐克、阿曼、白俄罗斯、阿塞拜疆、斯里兰卡、缅甸、乌兹别克斯坦、克罗地亚、保加利亚、斯洛文尼亚、立陶宛、土库曼斯坦、黎巴嫩、塞尔维亚、也门、叙利亚、约旦、巴林、拉脱维亚、爱沙尼亚、阿富汗、尼泊尔、波黑、文莱、柬埔寨、格鲁吉亚、阿尔巴尼亚、巴勒斯坦、蒙古、老挝、马其顿、亚美尼亚
10亿—100亿美元	7	塔吉克斯坦、摩尔多瓦、吉尔吉斯斯坦、黑山、马尔代夫、不丹、东帝汶

资料来源：国际货币基金组织。

（二）经济互补性

2005—2014 年，中国对沿线国家贸易由 2631 亿美元增加到 11251 亿美元，韩国由 1381 亿美元增加到 3647 亿美元，相对而言，中国对沿线国家贸易规模更大。同期，中国对沿线国家贸易占贸易总值比重由 18.5%提高到 26.2%，韩国由 25.3%提高到 33.2%，都呈上升趋势，说明中韩两国与沿线国家经济互补性逐步提高。相对而言，韩国与沿线国家贸易联系比中国还要紧密，这也为中韩联合开拓第三方市场奠定了良好基础（有关情况见表 4）。

表 4　中韩两国对沿线国家贸易基本情况

类别	指　　标	单位	中　　国			韩　　国		
			2005 年	2010 年	2014 年	2005 年	2010 年	2014 年
出口	对沿线国家出口	亿美元	1221	3660	6426	572	1209	1677
	出口总值	亿美元	7620	15778	23423	2844	4664	5731
	对沿线国家占比	%	16.0	23.2	27.4	20.1	25.9	29.3
进口	对沿线国家进口	亿美元	1410	3225	4825	809	1440	1971
	进口总值	亿美元	6600	13962	19592	2612	4252	5256
	对沿线国家占比	%	21.4	23.1	24.6	31.0	33.9	37.5
进出口	对沿线国家贸易	亿美元	2631	6885	11251	1381	2649	3647
	贸易总值	亿美元	14219	29740	43015	5457	8916	10986
	对沿线国家占比	%	18.5	23.2	26.2	25.3	29.7	33.2

资料来源：UNCOMTRADE 数据库。

2014 年，中韩两国对沿线国家前 15 位出口市场基本一致，只有中国出口国的巴基斯坦、哈萨克斯坦，韩国出口国的斯洛伐克、埃及，不是彼此共同的重要出口市场，且这四个市场的排名比较靠后。同年，中韩两国对沿线国家前 15 位进口市场也基本一致，只有中国的缅甸、韩国的卡塔尔，不是彼此共同的重要进口市场（有关情况见表 5）。

表 5　中韩两国对沿线国家出口和进口市场分布

排名	出口市场（亿美元）				进口市场（亿美元）			
	中　　国		韩　　国		中　　国		韩　　国	
	国家	金额	国家	金额	国家	金额	国家	金额
1	越南	637	新加坡	239	马来西亚	557	沙特阿拉伯	367
2	印度	542	越南	223	沙特阿拉伯	485	卡塔尔	257

续表

排名	出口市场（亿美元）				进口市场（亿美元）			
	中　国		韩　国		中　国		韩　国	
	国家	金额	国家	金额	国家	金额	国家	金额
3	俄罗斯	537	印度	128	俄罗斯	416	科威特	169
4	新加坡	489	印尼	114	泰国	383	阿联酋	162
5	马来西亚	464	俄罗斯	101	新加坡	308	俄罗斯	157
6	印尼	391	菲律宾	100	伊朗	275	印尼	123
7	阿联酋	390	沙特阿拉伯	83	印尼	245	新加坡	113
8	泰国	343	泰国	76	阿曼	238	马来西亚	111
9	土耳其	249	马来西亚	76	菲律宾	210	越南	80
10	伊朗	243	阿联酋	72	伊拉克	208	伊拉克	67
11	菲律宾	235	土耳其	67	越南	199	泰国	53
12	沙特阿拉伯	206	斯洛伐克	43	印度	164	印度	53
13	波兰	143	伊朗	42	阿联酋	158	阿曼	46
14	巴基斯坦	132	波兰	38	缅甸	156	伊朗	46
15	哈萨克斯坦	127	埃及	24	科威特	100	菲律宾	33

资料来源：UNCOMTRADE 数据库。

（三）投资合作基础

2006—2014 年，中国对沿线国家直接投资由 11.8 亿美元增加到 136.5 亿美元，占对外直接投资总额比重由 5.6%增加到 11.1%。2006 年，韩国对沿线国家直接投资达 64.9 亿美元，占对外直接投资比重为 33.5%，均远高于中国。韩国对沿线国家直接投资于 2008 年达到 140.3 亿美元的峰值，2014 年降至 70.1 亿美元，占比由 37.9%降至 20%。当前，虽然韩国对沿线国家直接投资规模远小于中国，但其在韩国对外直接投资中的比重仍高于中国（有关情况见表 6）。

2014 年，在中韩两国对沿线国家直接投资前 15 位目的地中，有 11 个是相同的，在 2006—2014 年累计直接投资目的地中，也有 11 个是相同的，这为两国联合开展对外投资奠定了良好基础（有关情况见表 7）。

表6 中韩两国对沿线国家直接投资概况

年份	中国			韩国		
	对沿线国家直接投资（亿美元）	对外直接投资总额（亿美元）	沿线国家占对外投资比重（%）	对沿线国家直接投资（亿美元）	对外直接投资总额（亿美元）	沿线国家占对外投资比重（%）
2006	11.84	211.64	5.59	64.88	193.88	33.47
2007	32.40	265.06	12.22	94.95	304.29	31.20
2008	45.19	559.07	8.08	140.28	369.89	37.92
2009	45.20	565.29	8.00	89.05	310.09	28.72
2010	77.41	688.11	11.25	85.25	344.42	24.75
2011	99.34	746.54	13.31	80.99	457.38	17.71
2012	150.95	878.04	17.19	69.14	396.53	17.44
2013	126.16	1078.44	11.70	62.29	356.35	17.48
2014	136.54	1231.20	11.09	70.14	350.00	20.04

资料来源：CEIC数据库、韩国进出口银行。

表7 中韩两国对沿线国家直接投资目的分布

排名	2014年流量（亿美元）				2005—2014年合计流量（亿美元）			
	中国		韩国		中国		韩国	
	国家	金额	国家	金额	国家	金额	国家	金额
1	新加坡	28.14	越南	21.00	新加坡	142.64	越南	160.98
2	印尼	12.71	新加坡	8.74	俄罗斯	56.00	印尼	80.07
3	老挝	10.27	沙特阿拉伯	8.64	印尼	55.49	马来西亚	63.66
4	巴基斯坦	10.14	印尼	8.10	哈萨克斯坦	53.69	新加坡	60.68
5	泰国	8.39	缅甸	4.62	老挝	39.02	缅甸	45.68
6	阿联酋	7.05	印度	3.41	马来西亚	35.03	柬埔寨	44.39
7	俄罗斯	6.34	马来西亚	2.79	缅甸	33.88	伊拉克	37.02
8	伊朗	5.93	哈萨克斯坦	2.22	伊朗	33.46	印度	34.53
9	马来西亚	5.21	俄罗斯	1.35	蒙古	32.86	菲律宾	33.16
10	蒙古	5.03	泰国	1.29	泰国	32.10	哈萨克斯坦	32.89
11	柬埔寨	4.38	菲律宾	1.10	巴基斯坦	31.26	俄罗斯	26.39
12	缅甸	3.43	土耳其	1.06	柬埔寨	30.33	泰国	19.24
13	越南	3.33	波兰	1.03	阿联酋	20.95	沙特阿拉伯	17.14
14	印度	3.17	老挝	0.91	越南	20.53	阿联酋	16.26
15	菲律宾	2.25	柬埔寨	0.89	沙特阿拉伯	14.14	捷克	14.11

资料来源：CEIC数据库、韩国进出口银行。

（四）营商环境和政治稳定性

总体看，沿线国家营商便利性较差，基础设施状况落后，部分国家政治稳定性差，腐败程度严重，金融市场不发达。据统计，营商便利性、基础设施状况、政治稳定性、腐败程度、金融市场状况排名全球前 100 位的沿线国家分别有 37 个、40 个、20 个、37 个、39 个，这五项指标均排名全球前 100 位的国家仅有 13 个，主要是中东欧国家和海合会国家以及新加坡。有关情况见表 8。

表 8　“一带一路”沿线国家基础设施和营商环境情况

指　标	排名全球前50位的国家	排名全球前51—100位的国家	排名全球 100 名之后的国家	排名缺失的国家数量
营商便利性	20	17	26	1
基础设施状况	18	22	17	7
政治稳定性	7	13	43	1
腐败程度	17	20	20	7
金融市场状况	18	21	18	7

资料来源：世界银行、全球经济论坛（WEF）。

（五）资源禀赋和科技创新能力

沿线国家矿产资源丰富。2013 年，沿线国家探明原油、天然气、煤炭、铁矿石、铜、铝土矿、黄金储量分别在 9389.7 亿桶、1140718.6 亿立方米、3360.9 亿吨、238 亿吨、1.1 亿吨、40 亿吨、9700 吨以上，约占全球探明储量的 55.6%、61.4%、37.7%、27.4%、15.7%、14.3%、17.6%。

沿线国家科技创新能力差距显著。2013 年，PCT 专利数量超过 1000 件的国家有以色列、印度、俄罗斯三国，处于世界领先水平，而 PCT 数量在 50 件以下的国家多达 48 个。

四、指标赋值和结果分析

（一）指标赋值

前文对五大类指标进行了简要的扫描，下面将五大类指标进一步拆分成八类指标（A～H），并考虑在中韩联合开拓市场中的重要性，对其进行赋值。八类指标大体分为三类，第一类包括经济互补性和投资合作基础，分别赋 16 分，第二类包括人口潜力、经济潜力、政治稳定性、营商便利性，分别赋 12 分，第三类包括资源充裕度和科技创新力，分别赋 10 分，合计 100 分。

A. 人口潜力。该指标包括人口数量（A1）和 16—65 岁劳动力数量占总人口比重（A2）两个子指标，每个子指标的分值为 6 分。对于一国，若 A1 大于 1 亿，计 6 分；在 5000 万到 1 亿区间，计 4 分；在 1000 万到 5000 万区间，计 2 分；在 500 万到 1000 万区间，计 1 分；小于 500 万，计 0 分。对于一国，若 A2 大于 50%，计 6 分；在 40%到 50%区间，计 5 分；在 30%到 40%区间，计 4 分；小于 30%，计 2 分。

B. 经济潜力。该指标包括 2016—2021 年 GDP 年均增速（B1）和 2014 年 GDP 总量（B2）两个子指标，每个子指标的分值为 6 分。对于一国，若 B1 大于 5%，计 6 分；处于 3%到 5%区间，计 4 分；处于 1%到 3%区间，计 2 分；小于 1%，计 0 分。对于一国，若 B2 大于 1 万亿美元，计 6 分；处于 5000 亿美元到 1 万亿美元区间，计 4 分；处于 1000 亿美元到 5000 亿美元区间，计 2 分；处于 500 亿到 1000 亿美元区间，计 1 分；小于 500 亿美元，计 0 分。

C. 经济互补性。该指标包括 2014 年沿线国家对中国贸易额（C1）和 2014 年沿线国家对韩国贸易额（C2）两个子指标，每个子指标的分值为 8 分。对于一国，若 C1、C2 在中、韩对沿线国家进出口贸易中排名前 10 位，计 8 分；排名 11 到 20 位，计 6 分；排名 21 到 30 位，计 4 分；排名 31 到 40 位，计 3 分；排名 41 到 50 位，计 2 分；排名 51 到 60 位，计 1 分；排名 60 位以下，计 0 分。

D. 投资合作基础。该指标包括 2005—2014 年中国对沿线国家累计直接投资额（D1）和 2005—2014 年韩国对沿线国家累计直接投资额（D2）两个子指标，每个子指标的分值为 8 分。对于一国，若 D1、D2 大于 100 亿美元，计 8 分；处于 50 亿美元到 100 亿美元区间，计 6 分；处于 10 亿美元到 50 亿美元区间，计 5 分；处于 5 亿美元到 10 亿美元区间，计 4 分；处于 1 亿美元到 5 亿美元区间，计 3 分；处于 0.5 亿美元到 1 亿美元区间，计 2 分；处于 0.1 亿美元到 0.5 亿美元区间，计 1 分；小于 0.1 亿美元，计 0 分。

E. 政治稳定性。综合各方面情况，将沿线国家分为以下三类：正处于地缘政治冲突的焦点或国内局势严重动荡的国家，计 0 分；与周边存在一定地缘冲突或国内局势存在诸多不稳定因素但尚未失控的国家，计 6 分；参与地缘冲突程度较轻且国内局势较为稳定的国家，计 12 分。

F. 营商便利性。根据世界银行公布的营商便利性指数，在 64 个国家中，第 1 名计 12 分，第 2 名计 11.5 分，第 3 名计 10 分，以此类推，第 25 名及排名更加靠后的国家计 0 分。

G. 资源充裕度。本文将各国石油、天然气、煤炭储量折算成标准煤，并与铁、铜、铝、黄金储量加总，作为测度指标。在 64 个国家中，第 1 名计 10 分，第 2 名为 9.5 分，以此类推，第 20 名及排名更加靠后的国家计 0 分。

H. 科技创新力。本文按 PCT 专利数量测算。对于一国，若 H 大于 1000，计 10 分；处于 500 到 1000 区间，计 8 分；处于 100 到 500 区间，计 6 分；处于 50 到 100 区间，计 4 分；处于 10 到 50 区间，计 2 分；小于 10，计 0 分。

（二）结果分析

表 9 列示了打分结果。得分 60 分以上的有 7 个国家，分别是新加坡、印尼、印度、俄罗斯、马来西亚、阿联酋、波兰。50—60 分的有 6 个国家，分别是沙特阿拉伯、土耳其、越南、泰国、卡塔尔、斯洛伐克。40—50 分的有 15 个国家，30—40 分的有 14 个国家，30 分以下的有 22 个国家。

考虑到得分分布情况，以及每个国家的得分分布（见附表），这里将 64 个沿线国家分成三类，第一类为重点国家，得分 50 分以上，计 13 个；第二类为中等重要合作国家，得分 40—50 分，计 15 个；第三类为关注推进国家，得分 40 分以下，计 36 个国家。

重点国家主要分布在东南亚（新加坡、印尼、马来西亚、越南、泰国，计 5 个）、西亚（阿联酋、沙特阿拉伯、土耳其、卡塔尔，计 4 个）、中东欧地区（俄罗斯、波兰、斯洛伐克，计 3 个）、南亚（印度，计 1 个），其中虽然俄罗斯是传统的欧洲国家，但也是中韩两国共同的邻国。这些国家的共同特点是，与中韩两国经济互补性强，是中韩两国重要的经贸合作伙伴，具有一定的经济和人口潜力；同时政治稳定性相对较好，没有一个国家得分为 0；当然这些在资源禀赋、创新能力、营商环境上差别比较大，这也预示着中韩两国联合开拓第三方市场应当对不同国家采取不同策略。因此，重点国家在中韩联合开拓市场中具有第一优先级，是各方研究推动的重点。

表 9 “一带一路”沿线国家人口规模分布

类别	得分标准	数量	国家名称
重点国家	大于 50	13	新加坡、印尼、印度、俄罗斯、马来西亚、阿联酋、波兰、沙特阿拉伯、土耳其、越南、泰国、卡塔尔、斯洛伐克
中等重要国家	40—50	15	哈萨克斯坦、伊朗、菲律宾、捷克、科威特、以色列、匈牙利、保加利亚、埃及、孟加拉国、柬埔寨、乌克兰、巴基斯坦、缅甸、爱沙尼亚
关注推进国家	小于 40	36	蒙古、拉脱维亚、老挝、阿曼、立陶宛、罗马尼亚、尼泊尔、格鲁吉亚、土库曼斯坦等

资料来源：根据附表整理。

中等重要国家也主要分布在东南亚、西亚、中东欧、南亚地区，增加了北非的埃及和中亚的哈萨克斯坦，事实上在地理上通常将西亚北非视作一个区域。由此可以看出，中韩两国在这些地区联合开拓第三方市场的前景比较明朗。相对于重点国家，中等重要国家经济体量要小一些，与中韩经济互补性要弱一些，但其中不乏一些人口大国，包括菲律宾、巴基斯坦、孟加拉国这样人口过亿的大国，同时一些国家的资源丰富，比如哈萨克斯坦、伊朗、科威特等。因此，对于中韩联合开拓市场而言，中等重要国家也可作为目的地，只是相对重要性较低。

关注推进国家得分相对较低，说明在不少方面都存在“短板”。比如，蒙古人口规模、经济规模、营商便利性、资源充裕度、科技创新力的得分均为 0。又如，排名最后 4 位的叙利亚、阿富汗、黎巴嫩、巴勒斯坦的政治稳定性、营商便利性、科技创新力、经济规模得分均为 0。因此，本文将这类国家列为关注推进国家，也就是说，对于中韩联合开拓市场而言，这些国家目前还不是重点。

五、政策建议

（一）研究制定行动计划

本文是一个初步的研究，还有很多不完善的地方，促进中韩联合开拓市场，科研机构需要发挥重要作用。建议根据不同行业对外投资特点，组织中韩两国科研机构，继续对沿线国家有关情况和开拓市场的机制、收益、风险等展开研究，在此基础上，围绕中韩两国共同利益，制定联合开拓第三方市场的行动计划。

（二）积极发展投资贸易

沿线国家多为新兴经济体，自身发展能力偏弱，对中韩两国产品的购买力不强。因此，中韩两国应对立足当前、着眼长远，鼓励和支持本国企业以绿地投资为主要模式，投资于沿线国家的基础设施、制造业等领域，提升沿线国家的发展能力和居民收入水平，进而扩大沿线国家对中韩两国产品的需求。

（三）多元化合作模式

建议中韩两国制定一份联合开拓第三方市场的项目清单，按照政府推动、企业主体的原则，组成共同领导小组，统筹两国力量加以推进。可以参考“两国双园”模式，推动实行“多国多园”模式，由中韩和东道国共同出资，在彼此适宜地区建立产业园区，吸引彼此间和外部其他的投资。

（四）妥善解决融资问题

沿线国家投资需求巨大，但目前无论是中国的“一带一路”，还是韩国的“欧亚倡议”融资机制都不健全。建议以联合开拓第三方市场为契机，研究设立中韩联合开拓第三方市场合作基金，可以由中韩双方共同出资、共同管理，为中韩联合开拓市场提供融资支持。同时，也要发挥好亚投行的作用。

（五）共同推动 RCEP 建设

在本文筛选的 13 个重点国家中，新加坡、印尼、印度、马来西亚、越南、泰国，都是 RCEP 成员，达到 6 个。也就是说，中韩共同推动 RCEP 谈判，促进成员间要素自由流动、市场深度融合、资源优化配置，对中韩联合开拓第三方市场大有裨益。因此，建议两国政府加强合作，争取早日签署 RCEP 协议。

张哲人，中国国家发展和改革委员会对外经济研究所
发达经济体研究室主任、副研究员

参考文献

[1] World Bank. Global Economic Prospects，2015. 6.

[2] IMF. World Economic Outlook，2016. 1.

[3] UNCTAD. World Investment Report 2013，2016. 2.

[4] WTO. World Trade Report 2013，2016. 2.

[5] United Nations. World Economy Situation and Prospects，2015. 12.

附表 赋值打分结果

排名	指标分类	人口潜力		经济潜力		经济互补性		投资合作基础		政治稳定性	营商便利性	资源充裕度	科技创新力	合计
	分值分布	12		12		16		16		12	12	10	10	
	指标编码	A1	A2	B1	B2	C1	C2	D1	D2	E	F	G	H	
1	新加坡	1	6	2	2	8	8	8	6	12	12	0	8	73
2	印尼	6	5	6	4	8	8	6	8	12	0	7	2	72
3	印度	6	4	6	6	8	8	5	3	6	0	9.5	10	71.5
4	俄罗斯	6	6	0	6	8	8	6	5	6	0	10	10	71
5	马来西亚	2	5	4	2	8	8	5	5	12	10.5	0	6	67.5
6	阿联酋	1	6	4	2	8	8	5	0	12	9	6	4	65
7	波兰	2	5	4	4	6	6	3	4	12	8	4	6	64
8	沙特阿拉伯	2	4	2	4	8	8	5	1	6	5	8.5	6	59.5
9	土耳其	4	4	4	4	6	6	4	5	6	1.5	4.5	8	57
10	越南	4	6	6	2	8	8	5	4	6	0	3.5	2	54.5
11	泰国	4	6	4	2	8	6	5	0	6	8.5	0.5	4	54
12	卡塔尔	0	6	2	2	4	8	3	4	12	4	6.5	2	53.5
13	斯洛伐克	1	6	4	1	4	6	2	5	12	7	0	2	50
14	哈萨克斯坦	2	6	2	2	6	4	6	5	6	0	8	2	49
15	伊朗	4	4	4	2	8	6	5	1	6	0	9	0	49
16	菲律宾	6	5	6	2	6	6	4	6	6	0	0	2	49
17	捷克	2	6	2	2	4	4	2	5	12	3	0	6	48
18	科威特	0	5	2	2	6	8	3	2	12	0	5.5	0	45.5
19	以色列	1	5	2	2	4	4	2	3	6	6	0	10	45
20	匈牙利	1	5	2	2	4	4	4	3	12	0.5	1	6	44.5
21	保加利亚	1	5	2	1	2	2	3	3	12	6.5	2.5	4	44
22	埃及	4	4	4	2	4	6	4	4	6	0	2	4	44

续表

排名	指标分类	人口潜力		经济潜力		经济互补性		投资合作基础		政治稳定性	营商便利性	资源充裕度	科技创新力	合计
	分值分布	12		12		16		16		12	12	10	10	
	具体指标	A1	A2	B1	B2	C1	C2	D1	D2	E	F	G	H	
23	孟加拉国	6	5	6	2	6	4	3	5	6	0	0	0	43
24	柬埔寨	2	6	6	0	3	3	5	6	12	0	0	0	43
25	乌克兰	2	6	4	2	4	3	1	1	6	0	7.5	6	42.5
26	巴基斯坦	6	4	6	2	6	3	5	0	6	0	3	0	41
27	缅甸	4	6	6	1	6	4	5	3	6	0	0	0	41
28	爱沙尼亚	0	6	4	0	2	3	0	0	12	11	0	2	40
29	蒙古	0	5	6	0	4	3	5	4	12	0	0	0	39
30	拉脱维亚	0	6	4	0	2	2	0	1	12	10	0	2	39
31	老挝	1	5	6	0	3	2	5	5	12	0	0	0	39
32	阿曼	0	5	2	1	6	6	2	5	12	0	0	0	39
33	立陶宛	0	6	4	0	2	2	1	0	12	9.5	0	2	38.5
34	罗马尼亚	2	5	4	2	3	3	3	0	12	2.5	0	2	38.5
35	尼泊尔	2	6	4	0	3	1	3	5	12	0	0	0	36
36	格鲁吉亚	0	6	4	0	1	2	3	0	6	11.5	0	2	35.5
37	土库曼斯坦	1	5	6	0	4	2	3	3	6	0	5	0	35
38	斯洛文尼亚	0	5	2	0	2	4	0	0	12	3.5	0	6	34.5
39	乌兹别克斯坦	2	6	6	1	3	4	3	3	6	0	0	0	34
40	斯里兰卡	2	5	6	1	3	3	3	1	6	0	0	2	32
41	吉尔吉斯斯坦	1	5	4	0	4	2	4	4	6	0	0	0	30
42	文莱	0	5	6	0	2	4	2	5	6	0	0	0	30
43	马其顿	0	5	4	0	1	0	0	0	12	7.5	0	0	29.5
44	白俄罗斯	1	5	0	1	2	1	3	1	12	1	0	2	29
45	克罗地亚	0	5	2	1	2	2	1	0	12	0	0	2	27
46	巴林	0	6	2	0	2	3	1	5	6	2	0	0	27

续表

排名	指标分类	人口潜力		经济潜力		经济互补性		投资合作基础		政治稳定性	营商便利性	资源充裕度	科技创新力	合计
	分值分布	12		12		16		16		12	12	10	10	
	具体指标	A1	A2	B1	B2	C1	C2	D1	D2	E	F	G	H	
47	伊拉克	2	2	4	2	6	6	3	1	0	0	0	0	26
48	不丹	0	6	6	0	0	0	0	2	12	0	0	0	26
49	塔吉克斯坦	1	5	4	0	3	1	4	0	6	0	0	0	24
50	亚美尼亚	0	6	4	0	1	1	0	1	6	4.5	0	0	23.5
51	塞尔维亚	1	5	4	0	1	2	1	1	6	0	0	2	23
52	也门	2	2	4	0	3	6	3	3	0	0	0	0	23
53	摩尔多瓦	0	4	4	0	1	1	0	0	12	0	0	0	22
54	马尔代夫	0	5	4	0	0	0	0	1	12	0	0	0	22
55	约旦	1	2	4	0	3	4	1	1	6	0	0	0	22
56	黑山	0	5	4	0	1	0	0	0	6	5.5	0	0	21.5
57	阿塞拜疆	1	6	2	1	1	2	1	0	6	0	1.5	0	21.5
58	阿尔巴尼亚	0	5	4	0	1	1	0	0	6	0	0	0	17
59	东帝汶	0	2	6	0	0	1	1	1	6	0	0	0	17
60	波黑	0	4	4	0	1	1	0	0	6	0	0	0	16
61	叙利亚	2	2	0	0	2	3	0	5	0	0	0	0	14
62	阿富汗	2	2	4	0	1	1	3	1	0	0	0	0	14
63	黎巴嫩	0	4	2	0	3	3	0	1	0	0	0	0	13
64	巴勒斯坦	0	2	0	0	0	1	0	1	0	0	0	0	4

资料来源:作者计算。